SUFICIENTE

JOHN C. BOGLE

SUFICIENTE

REFLEXIONES SOBRE EL DINERO, LOS NEGOCIOS Y LA VIDA

EMPRESA ACTIVA

Argentina – Chile – Colombia – España
Estados Unidos – México – Perú – Uruguay

Título original: *Enough*
Editor original: John Wiley & Sons Inc.
Traducción: Valentín Farrés

1.ª edición Septiembre 2022

ISBN: 978-84-16997-63-3
E-ISBN: 978-84-19251-07-7
Depósito legal: B-13.138-2022

Fotocomposición: Ediciones Urano, S.A.U.
Impreso por: Romanyà Valls, S.A. – Verdaguer, 1 – 08786 Capellades (Barcelona)

Impreso en España – *Printed in Spain*

Índice

VIDA

CONCLUSIÓN: ¿QUÉ ES SUFICIENTE?

Prefacio de Bill Clinton

Mi profesor de civilizaciones antiguas en Georgetown nos enseñó que Estados Unidos se convirtió en la mayor nación en la historia porque nuestro pueblo siempre ha creído en los dos pilares principales de la civilización occidental: que el mañana puede ser mejor que el día de hoy, y que todos tenemos la obligación moral personal de hacer que así sea. Lo llamó «preferencia por el futuro».

En los últimos años, algunos líderes financieros estadounidenses se han desviado de estas creencias, generando grandes riquezas en el presente sin tener en cuenta sus consecuencias para el futuro. En Estados Unidos, y en todo el mundo, seguimos viviendo con las repercusiones de estas conductas empresarial, algunas de ellas ilegales, todas ellas infructuosas. No podemos continuar por el mismo camino que seguíamos antes de las recientes crisis financieras; al menos no, si queremos construir un mañana mejor.

En *Suficiente* John C. Bogle ofrece un relato convincente de lo que salió mal y algunos consejos claros sobre cómo podemos restaurar nuestro sistema financiero y crear un mundo más próspero y equitativo. Su libro es una importante llamada a la acción, para que los principios morales y la integridad vuelvan a estar presentes en nuestros asuntos financieros de forma que apoyen, y no socaven, el crecimiento económico a largo plazo.

Con sus propias credenciales impecables en finanzas, Bogle nos recuerda que Estados Unidos se construyó sobre una tradición de trabajo duro, templanza y deber, y muestra por qué sacrificar estos valores en la búsqueda del éxito tarde o temprano genera una destrucción que perjudica a muchas personas inocentes. En esta meditación sobre la ambición y la sociedad, Bogle sostiene que no podemos medir el significado de nuestras vidas por los beneficios rápidos. Por el contrario, el verdadero valor está en hacer contribuciones a largo plazo a las comunidades más amplias, de las que incluso los financieros más poderosos son simplemente facilitadores, con el deber de ayudar a otros a construir sus sueños.

En nuestra veloz era digital —con más de dos billones de dólares cruzando las fronteras cada día antes de la crisis actual, el análisis y el argumento de Bogle parecen, a primera vista, sorprendentemente anticuados. Pero nuestra omnipresente interdependencia hace que *Suficiente* sea más relevante que nunca. Nuestras acciones tienen profundas consecuencias tanto dentro como fuera de nuestras fronteras. Es un error ignorarlas en busca de una ventaja puramente personal. La preferencia por el futuro sigue siendo importante. Tenemos que recuperarla.

John Bogle es un hombre brillante y bueno, y todo ciudadano preocupado puede aprender y beneficiarse de las importantes lecciones que comparte en *Suficiente.* Es un recordatorio de que lo que Alexis de Tocqueville dijo sobre nuestra nación hace tanto tiempo sigue siendo cierto: América es grande porque América es buena, y si deja de ser buena, ya no será grande. *Suficiente*t rata de promover ambas cosas.

WILLIAM JEFFERSON CLINTON

EXPRESIDENTE DE LOS ESTADOS UNIDOS DE AMÉRICA

MARZO DE 2010

Prólogo de Tom Peters

En los últimos años de la década de 1970, inicié con Bob Waterman un viaje en el que examiné cómo se gestionaban las buenas empresas y que desembocó en la publicación de *En busca de la excelencia*. Por el camino conocimos a un extraordinario elenco de personajes. Estaba Jim Burke, director general de Johnson & Johnson, que, cuando se vio acosado por la infame crisis del Tylenol en 1982, recurrió al «credo» casi religioso de J&J. Con la orientación de los valores fundamentales, la empresa gestionó la crisis con una integridad y una transparencia que se mantiene hasta hoy como un monumento al poder de las organizaciones basadas en valores.

Y luego estaba Delta Airlines, sumida en una crisis debido a la recesión de principios de los años ochenta; el balance de la empresa se vio enormemente favorecido por la decisión de los empleados de Delta de ¡comprar un avión a su empleador! Estaba McDonald's que, a principios de los años ochenta, vivía con rigor sobre los cimientos establecidos por su fundador, Ray Kroc, llamados QSC&V, o calidad, servicio, limpieza y valor.

Y luego estaba John Young, de Hewlett-Packard, que gestionaba dando paseos, conversando con los empleados de línea los detalles de los proyectos.

El concepto clave de nuestro libro se plasmó en diez palabras: «Lo duro es lo blando. Lo blando es lo duro». Como ingenieros, MBA y consultores de McKinsey estábamos firmemente arraigados en los valores de la medición y las métricas, pero también sabíamos lo fácil que es falsear las cifras. Los números supuestamente duros resultan ser una y otra vez blandos. Enron, hacia el año 2000, dirigida por un graduado de la Harvard Business School-McKinsey, y los derivados, superderivados e los intercambios de incumplimiento crediticio (*swaps*) de la década de 2000, creados por grandes profesionales, se produjeron gracias a cifras tan blandas que se desinflaron.

¿Qué es lo que importa? ¿Qué es lo realmente «difícil»? La integridad. La confianza. Valores que perduran (como el credo de J&J). Relaciones profundas. Buena actitud corporativa. Escuchar al cliente y al empleado de primera línea y actuar en función de lo que nos dicen. Calidad inigualable, la pesadilla de aquellos primeros años de la década de los ochenta. Y, sí, la excelencia. Esas son las cosas que no se enseñan en las escuelas de negocios, pero que son la base de una empresa eficaz.

Fueron los recuerdos de ese sorprendente viaje los que explicaron que, en medio de la Gran Recesión posterior al 2007, cogiera, sin ninguna razón en particular, el libro de Jack Bogle *Suficiente*. Rápidamente descubrí, mientras estaba en la librería de hecho, que no podía dejarlo. Eso explica por qué lo he leído ya cuatro veces; por qué he doblado unas cincuenta y siete páginas para volver a ellas una y otra vez; por qué he regalado más de cincuenta ejemplares a amigos y socios; y por qué, casi me da vergüenza admitirlo, lo llevo conmigo cuando viajo de Angola a Abu Dhabi, de China a Chicago. Cuando preparo un seminario en, por ejemplo, Novosibirsk, Siberia, hojeo el libro y compruebo si me he ido a algún oscuro rincón teórico y he olvidado la lección de la supuestamente anticuada gestión dando paseos de Bill Hewlett, tal como la practicaba John Young.

La novela de suspense *The Broken Shore*, del escritor australiano Peter Temple, ganó un montón de prestigiosos premios mundiales. Varios críticos destacados coincidieron en la misma opinión. En efecto, «esto no es un gran thriller, es una gran novela». Eso es precisamente lo que siento con *Suficiente*. No es un gran libro de finanzas. No es un gran libro de negocios. Es un gran libro. Y punto.

Jack Bogle escribe en un inglés sencillo, y su razonamiento es directo y se basa en una asombrosa suma de observaciones. Aunque es un experto en finanzas, no despliega ni una sola ecuación mientras nos lleva por las finanzas, los negocios y la vida misma. No es una hipérbole decir, con cierta certeza a los sesenta y siete años, que este es claramente el mejor libro de negocios que he leído, y el mejor manual de la vida que he leído, salvo quizás las obras del compañero de Bogle en Filadelfia, el sabio Ben Franklin.

Jack Bogle y la organización que fundó en 1974, The Vanguard Group, han sido reconocidos a lo largo y ancho del planeta una y otra vez por el tipo de excelencia que iluminó una lámpara tan brillante y verdadera para Bob Waterman y para mí en la década de 1980. Jack Bogle es uno de los grandes financieros de nuestro tiempo y quizás de todos los tiempos. Él y Vanguard han contribuido al bienestar financiero y a la seguridad de millones y millones de personas. Su secreto es una creencia cuidadosamente formada de que, a largo plazo, no se puede batir el mercado, y una creencia de que el mejor rendimiento vendrá, por tanto, de los fondos indexados que devuelven su valor mejorado, prácticamente en su totalidad, a los propietarios de las inversiones. Su vida y el trabajo de su vida están construidos sobre una base de integridad, transparencia, simplicidad y valor.

Curiosamente, nunca he conocido a Jack y, por desgracia, no he invertido en Vanguard, lo que significa que no tengo ningún interés en hacer estas observaciones y en destacar este libro como una joya inigualable, que inequívocamente creo que es, y que quizás cambie tu vida. He dedicado mi vida adulta a intentar ayudar a la gente a gestionar organizaciones de la forma más eficaz posible, y he descubierto, como Jack Bogle, que ser directo es lo mejor y que el carácter, la integridad, el sentido común y la decencia son las claves para dirigir empresas de todo tipo, por no mencionar la vida bien vivida al servicio de los demás.

No voy a repetir lo mejor del libro en este prólogo. Intenté hacerlo en un primer borrador, pero quedé desconcertado por esas cincuenta y siete páginas dobladas, cada una de las cuales tiene una importancia personal permanente. Jack habla con una prosa lúcida que me avergüenza. Sin embargo, puedo darles una idea de lo que sigue simplemente ofreciendo los títulos de los capítulos (me enganché totalmente al libro cuando leí la página de índice):

«Demasiado coste, poco valor» «Demasiada especulación, poca inversión» «Demasiada complejidad, poca simplicidad» «Demasiadas cuentas, poca confianza» «Demasiada conducta empresarial, poca conducta profesional» «Demasiada gestión, poco liderazgo » «Demasiado enfoque en las cosas, poco enfoque en el compromiso» «Demasiados valores del siglo xxi, pocos valores del siglo xviii» «Demasiado éxito, poco carácter»

Me siento inclinado a secuestrar los títulos de estos capítulos y convertirlos en mis Diez Mandamientos. Estos conceptos encapsulan, mejor que cualquier otra cosa que haya encontrado antes, la vida que espero llevar, la vida que seguramente me gustaría llevar, y el tipo de cosas que espero que la gente diga sobre mí cuando me vaya.

* * *

Estos días comienzo mis conferencias con dos diapositivas de PowerPoint. La primera recuerda una celebración en honor del inigualable hotelero Conrad Hilton. En una ocasión, el señor Hilton fue llamado a un escenario y se le pidió que compartiera los secretos de su magnífica carrera. Se enfrentó a la multitud, según cuenta la historia, hizo una pausa y dijo: «No olvidéis meter la cortina de la ducha en la bañera».

Y con eso volvió a su asiento.

La segunda diapositiva recuerda una conferencia cerca de Monterrey (California), hace quizás veinte años, en la que charlaba con el presidente de un banco comunitario de gran éxito del Medio Oeste. Mientras la crisis financiera de 2007 nos envolvía, recuerdo claramente sus palabras: «Tom, permíteme que te describa a un exitoso agente de crédito. El domingo después de la iglesia, cuando conduce a su familia a casa, se desvía un poco para pasar por una fábrica o un centro de distribución al que ha prestado dinero. No entra ni nada por el estilo, solo pasa por allí, echa un vistazo al lugar y sigue camino a casa».

La cortina de la ducha.

El simple pasar por un determinado negocio.

Suficiente.

Tom Peters

Golden Bay, Nueva Zelanda

Abril 2010

Nota del autor:

Una crisis de proporciones éticas

En los primeros días de septiembre de 2008, justo cuando el manuscrito de *Suficiente* estaba terminado, el gobierno federal decidió no rescatar a la empresa de banca de inversión Lehman Brothers Holdings. La empresa, lo supiera o no, estaba en quiebra. El entonces secretario del Tesoro, Henry Paulson, describió más tarde un grupo de inversiones tóxicas de Lehman que se contabilizaban en cincuenta y dos mil millones de dólares, pero con un valor estimado de (tan solo) veintisiete mil millones de dólares, parte de un enorme agujero de capital que llevó inevitablemente a la desaparición de la empresa.

Rápidamente resonaron los potentes ecos de la decisión del gobierno de dejar quebrar a Lehman. La caída del mercado bursátil que comenzó a mediados de 2007, cuando el Promedio Industrial Dow Jones había alcanzado un máximo de 14.160, se aceleró, y el Dow cayó quinientos diez puntos hasta 10.910 cuando el mercado reabrió después del colapso de Lehman. Eso fue solo el principio. En las seis semanas siguientes, el Dow cayó hasta los 7.550 puntos. Tras unos meses de consolidación, volvió a caer hasta un mínimo de 6.550 en marzo de 2009, un impactante descenso del 54 % desde el máximo, equivalente a una caída de nueve billones de dólares en el valor de las acciones, la mayor caída desde la década de 1930.

El mercado de valores, por supuesto, no hizo más que anticiparse y luego reflejar la realidad de la crisis económica que siguió. Los bancos cancelaron billones de dólares en los valores en que llevaban los activos tóxicos en sus balances. La actividad empresarial se redujo drásticamente y la producción económica de nuestro país se desplomó. El desempleo se disparó, el crédito se hizo escaso y a menudo inalcanzable, y entramos en el abismo económico más profundo desde la Gran Depresión.

Causas del colapso

Las causas de este colapso no son un secreto. Si bien se suele afirmar que «la victoria tiene mil padres, pero la derrota es huérfana», la derrota sufrida por los inversores en nuestra devastación financiera parece tener, en sentido figurado, mil padres. La Reserva Federal mantuvo los tipos de interés demasiado bajos durante demasiado tiempo tras el desplome del mercado bursátil de 2000-2002 y no logró imponer disciplina a los banqueros hipotecarios. Nuestros bancos de depósitos y de inversión no solo diseñaron y vendieron billones de dólares en bonos increíblemente complejos y arriesgados y decenas de billones de dólares de derivados (mayormente permutas de incumplimiento crediticio) basados en esos bonos, sino que también acabaron cargando con un muerto, con muchos de estos derivados tóxicos mantenidos en balances que estaban altamente apalancados— algunas veces por tanto como treinta y tres a uno (o más). Solo hay que echar cuentas: un mero descenso del 3 % en el valor de los activos hace desaparecer el 100 % de los accionistas.

Estas instituciones también nos trajeron la titulización, vendiendo préstamos como respaldo de instrumentos financieros no probados, y rompiendo el vínculo tradicional entre prestatario y prestamista. Con este cambio, el incentivo para exigir la solvencia de los prestatarios casi desapareció, ya que los bancos prestaron el dinero para luego vender los préstamos a los creadores de estos nuevos instrumentos financieros. En la banca, hemos recorrido un largo camino desde los préstamos comunitarios basados en la probidad financiera y el carácter del prestatario, el tipo de cosas que vimos en ¡Qué bello es vivir! (¿Recuerdan a Jimmy Stewart como George Bailey y al malhumorado señor Potter de Lionel Barrymore?)

También nuestros reguladores del mercado tienen mucho por lo que responder: La *Securities and Exchange Commission*[1] se mostró casi apática al no reconocer lo que estaba ocurriendo en los mercados de capitales. La *Commodity Futures Trading Commission*[2] (CFTC) permitió que el comercio y la valoración de los derivados se desarrollara incomprensiblemente, sin exigir la divulgación completa, y sin preocuparse por la capacidad de las contrapartes para cumplir con sus obligaciones financieras si sus apuestas se estropeaban.

Y no olvidemos el Congreso, que pasó la responsabilidad de la regulación del mercado de derivados a la CFTC casi como una idea secundaria. El Congreso también permitió —e incluso fomentó— la asunción de riesgos por parte de nuestras empresas patrocinadas por el gobierno (ahora esencialmente de propiedad gubernamental) —Fannie Mae y Freddie Mac—, permitiéndoles expandirse mucho más allá de la capacidad de su capital, y empujándolas a reducir sus estándares de préstamo. El Congreso también eliminó la Ley Glass-Steagall de 1933, que separaba la banca de depósito tradicional de la más arriesgada banca de inversión, una separación que durante más de sesenta años sirvió al interés nacional.

Nuestros analistas profesionales de seguridad también tienen mucho por lo que responder, especialmente por su incapacidad casi universal de reconocer los enormes riesgos crediticios asumidos por una nueva generación de banqueros y banqueros de inversión, mucho más interesados en el crecimiento de los beneficios de sus instituciones que en la santidad de sus balances. Lo mismo ocurre con nuestras agencias de calificación crediticia, por otorgar calificaciones AAA a los préstamos titulizados a cambio de enormes honorarios —muy bien pagados por los mismos emisores que exigieron esas calificaciones—, permitiendo que lo que resultó ser en gran medida bonos basura se comercializara como valores de alta calidad. (Sí, a eso se le llama conflicto de intereses).

---

1. Organismo que regula y supervisa la bolsa de valores y el mercado de opciones de EE.UU.

2. La Comisión de Negociación de Futuros de Productos Básicos de Estados Unidos es una agencia independiente del gobierno de los Estados Unidos que regula los mercados de futuros y opciones.

«Un fracaso del capitalismo»

Pero también hubo algo más fundamental: un fracaso del capitalismo. El capitalismo simplemente no ha funcionado como se supone que debe hacerlo. Hemos confiado en la «mano invisible» de Adam Smith, según la cual perseguir nuestro propio interés conduce en última instancia al bien de la sociedad. Pero esta filosofía basada en el libre mercado ha fracasado. En una época de gigantescas corporaciones globales e instituciones financieras (e independientes), los principios que se aplicaban en un mundo de empresas más pequeñas y comunidades más íntimas simplemente han perdido su eficacia.

Esta no es solo mi opinión. También es la opinión de algunas de las mentes más inteligentes y respetadas del país. Por ejemplo, el juez Richard Posner de Chicago (y líder de la conservadora «Escuela de Chicago» de economía) tituló su libro posterior a la crisis *Un fracaso del capitalismo*. Aún más conmovedor es el punto de vista del expresidente de la Reserva Federal, Alan Greenspan, que fue fundamental en el desarrollo de la burbuja financiera y en el estallido que inevitablemente le siguió. Instó con éxito a sus colegas gobernadores de la Reserva Federal a seguir facilitando el crédito —a pesar de que hacía tiempo que había llegado el momento de endurecerlo— y a ignorar los peligros creados por el crecimiento de la titulización, que cortó el vínculo esencial entre prestatarios y prestamistas. La intelectualidad del análisis de Greenspan y su poder de movilización del mercado resultó basada en una premisa falsa.

A su favor, en su testimonio ante el Congreso en octubre de 2008, Greenspan admitió su error. Esto dijo John Lanchester, del *New Yorker*, sobre el tema:

> *Greenspan reconoció que la crisis había sido provocada por «un tsunami crediticio único en el siglo», que había surgido del colapso de «toda una edificación intelectual». «Los que hemos confiado en el interés propio de las instituciones crediticias para proteger el patrimonio de los accionistas —yo especialmente— estamos en un estado de incredulidad conmocionada», dijo. Este fracaso del interés propio para proporcionar autorregulación fue,*

dijo, «un fallo en el modelo que percibí como la estructura de funcionamiento crítica que define cómo funciona el mundo».

Merece la pena detenerse en esa frase: «la estructura de funcionamiento crítica que define cómo funciona el mundo». Es algo muy grande en lo que encontrar un defecto. He aquí otra forma de describir ese defecto: la gente en el poder creía saber más de lo que sabía. Evidentemente, los banqueros sabían demasiadas matemáticas y poca historia, o tal vez no sabían lo suficiente de ninguna de las dos.

A lo que yo recalcaría: ¡No lo suficiente!

La historia de *Suficiente*

Muchos de estos sucesos fueron presagiados en las páginas de *Suficiente* que, en retrospectiva, parece extrañamente profético, incluso predictivo. La primera vez que expresé la idea básica de *Suficiente* fue en un discurso de graduación de mayo de 2007 ante los graduados del MBA de la Universidad de Georgetown. Más adelante en el libro se hablará más de ese discurso, pero es importante tener en cuenta parte del contexto de mis observaciones:

El «dinero» se ha convertido en algo cada vez más importante en nuestra sociedad de resultados, el Gran Dios del prestigio, la Gran Medida del Hombre (y de la Mujer). Así que esta mañana tengo la temeridad de pediros a los que pronto os graduaréis con un MBA —siendo que la mayoría entrarán en el mundo de la empresa— que consideréis conmigo el papel de lo suficiente en los negocios y el espíritu empresarial en nuestra sociedad, lo suficiente en el papel dominante del sistema financiero en nuestra economía, y lo suficiente en los valores que aportaréis a los campos que elijáis para vuestras carreras.

El campo de la gestión del dinero — Wall Street— se ha convertido en un negocio en el que la profesión está subordinada. El profesor de la

Harvard Business School, Rakesh Khurana, tenía razón cuando definió la conducta de un verdadero profesional con estas palabras: «Crearé valor para la sociedad, en lugar de extraerlo». Y sin embargo, la gestión del dinero, por definición, extrae valor de los rendimientos obtenidos por nuestras empresas.

Si entras en el campo de la gestión del dinero, hazlo con los ojos bien abiertos, reconociendo que cualquier empresa que extraiga valor de sus clientes puede, en tiempos más problemáticos que los actuales, descubrir que ha caído en su propia trampa. En Wall Street se dice, con razón, que «el dinero no tiene conciencia», pero no permitas que ese tópico te permita ignorar tu propia conciencia, ni alterar tu propia conducta y carácter.

Ahora, años después de aquel discurso de apertura, el sector financiero ha sido «alzado por su propio petardo», una frase de Shakespeare que significa «caer en su propia trampa». La economía ha seguido su ejemplo. Los beneficios de las empresas financieras en 2006, citados en mi discurso de Georgetown como 215.000 millones de dólares, se desplomaron a pérdidas de 233.000 millones de dólares en 2008, una diferencia de casi medio billón de dólares. (En 2009, los beneficios habían vuelto al sector, pero solo a unos míseros 29.000 millones de dólares).

¿Qué hay que hacer?

No solo tenemos que resolver las cuestiones específicas que se han puesto de manifiesto en la crisis financiera, sino tomar medidas para evitar futuras crisis, algunas de las cuales podrían ser iguales, otras inevitablemente diferentes. He aquí un resumen de mis ideas:

- Enfrentarse al «demasiado grande para quebrar» devolviendo el riesgo moral al lugar que le corresponde en el sistema bancario. Sí, debería crearse una agencia federal que vigile el riesgo financiero, pero el primer paso bien podría ser «¡Dejar que el banco quiebre!».

- Levantar el velo de secretismo que rodea a los derivados exigiendo mercados abiertos y transparentes.

- Aumentar sustancialmente los requisitos de capital de los bancos (es decir, reducir el apalancamiento) y aumentar la calidad de las inversiones en el balance (es decir, reducir el riesgo).

- Establecer una agencia independiente de protección del consumidor.

- Restablecer la Ley Glass-Steagall de 1933, separando la banca comercial (captación de depósitos) y la banca de inversión (suscripción, préstamos puente, etc.).

- Desarrollar incentivos basados en el mercado para reducir el apalancamiento entre nuestras instituciones financieras, empresas y hogares, eliminando gradualmente los intereses como gasto deducible de impuestos.

- Establecer una norma federal de obligación fiduciaria para los gestores de fondos institucionales, que hoy controlan el 70 % de todas las acciones de las empresas cotizadas estadounidenses. Al exigir a estos agentes que sirvan únicamente a los intereses de sus clientes, llegarían a actuar con la debida diligencia en la selección de valores, y asumirían los derechos y responsabilidades de participar en el gobierno de las empresas cuyas acciones poseen.

Una crisis ética

Pero hay otro factor subyacente a esta crisis que es el más amplio de todos, omnipresente en nuestra sociedad actual. Está bien expresado en una carta que recibí de un accionista de Vanguard que describía la crisis financiera mundial como «una crisis de proporciones éticas». Sustituir ética por épica es un buen giro de la frase, y sitúa con precisión una gran responsabilidad del colapso en un amplio deterioro de las normas éticas tradicionales de nuestra sociedad.

El comercio, los negocios y las finanzas no han estado exentos de esta tendencia. Confiando en la mano invisible de Adam Smith, hemos dependido del mercado y la competencia para crear prosperidad y bienestar. Pero el interés propio se nos fue de las manos. Creó una sociedad «de mínimos» en la que el éxito se mide únicamente en términos monetarios. Los dólares se convirtieron en la moneda del nuevo reino. Las fuerzas del mercado sin control arrasaron las normas tradicionales de conducta profesional, desarrolladas durante siglos.

El resultado ha sido el paso del absolutismo moral al relativismo moral. Repitiendo lo que leerás en la página 139, hemos pasado de una sociedad en la que «hay cosas que simplemente no se hacen» a otra en la que «todo el mundo lo hace, así que yo también puedo hacerlo». La ética empresarial y las normas profesionales se han perdido en el camino. La fuerza motriz de cualquier profesión incluye no solo conocimientos, habilidades y normas especiales, sino también el deber de servir de forma responsable, desinteresada y sabia, y de establecer una relación intrínsecamente ética entre los profesionales y la sociedad. La vieja noción de confiar y ser confiado —que una vez fue no solo la norma aceptada de conducta empresarial, sino la clave del éxito— pasó a ser vista como una reliquia pintoresca de una época ya pasada. De alguna manera, nuestra sociedad debe ser estimulada para volver a esa norma.

Aceptación pública

Desde la publicación inicial de *Suficiente*, afortunadamente, he visto algunas señales tempranas de un despertar de la comprensión de los factores subyacentes a la crisis. Muchas voces respetadas y totalmente independientes se han unido para hacerse eco de los múltiples temas del libro. Escuchemos a Thomas L. Friedman, autor de best-sellers y columnista del *New York Times*, que escribió a principios de 2010: «Nuestra crisis financiera fue el resultado de una amplia quiebra nacional de la ética». El director general de *General Electric*, Jeffrey Immelt, expresó una opinión similar, según se cita en el *Financial Times*: «Al final de una difícil generación de liderazgo empresarial, la mentalidad dura —un buen rasgo— fue sustituido por la mezquindad y la avaricia

—ambos rasgos terribles— y las recompensas se pervirtieron», y «los más ricos cometieron la mayor cantidad de errores con la menor responsabilidad». Immelt, concluyó el artículo, «señaló que era un error que la economía estadounidense se hubiera "inclinado hacia los beneficios más rápidos de los servicios financieros" a expensas de la industria manufacturera y de las inversiones en investigación y tecnología.»

En el *New York Times*, el periodista y economista Edward Hadas profundizó en este tema:

Una parte angustiosamente grande de la actividad del mundo financiero es poco más que un juego. Cuando se compran y venden acciones y bonos, o derivados basados en ellos, las ganancias y las pérdidas casi se anulan mutuamente. Este tipo de comercio puede ser divertido —la gestión de carteras es un pasatiempo común— pero no hace casi nada por la economía no financiera.

Al igual que en el juego organizado, las pérdidas en el comercio financiero son en realidad un poco mayores que las ganancias porque la casa se lleva su parte. En los últimos años, la casa financiera —corredores, bolsas, gestores de fondos— ha aumentado sus ganancias jugando desde dentro. Hasta la llegada de la crisis, este tipo de operaciones solían ser muy rentables. Hay un problema psicológico, incluso moral, en las finanzas. Un país se enriquece fabricando cosas, no lo hace aparentando ganar dinero con el dinero. Pero cuando la gente ve enormes beneficios financieros en Wall Street o simplemente piensa en poseer una casa, tienden a querer más. Las ganancias económicamente ilusorias de las finanzas distraen a la gente de tareas más valiosas.

Entonces, ¿decidirá Estados Unidos, y el mundo, que ha tenido demasiado de esta cosa no particularmente buena? No necesariamente, ya que una tendencia de cuatro décadas tiene el ímpetu de un tren en marcha. Pero el actual huracán de destrucción financiera podría ser lo suficientemente fuerte como para descarrilarlo.

Hay algo más que dinero en juego. Desde hace al menos una generación, un porcentaje desproporcionado de las personas con más talento del mundo se dedica a las finanzas. Si un mayor número de los mejores y más brillantes se dedicaran a la industria, la educación o las artes, todos estaríamos mejor.

Y estas palabras de *Buttonwood*, que escribe en *The Economist*: «Si alguien sufre el cortoplacismo de los gestores de fondos, son los clientes. Los fondos con los costes más elevados producen los rendimientos más bajos, ya que el dinero de los clientes es absorbido por los gastos y los diferenciales de oferta y demanda…. Si los gobiernos quieren realmente un escándalo que atacar, es la forma en que el sector financiero se enriquece a costa de los inversores minoristas».

Por supuesto, el hecho de que estos destacados expertos se hagan eco de los numerosos temas de *Suficiente* me encanta. Pero el comentario más gratificante de todos apareció en una reseña del *New York Times* sobre un nuevo libro del talentoso periodista británico John Lanchester, cuyo artículo en el *New Yorker* se citó anteriormente. «Así pues, un enorme auge no regulado en el que casi todas las ganancias pasaron directamente a manos privadas, seguido de una gigantesca quiebra en la que las pérdidas se socializaron. Esa es, literalmente, la idea que tiene nadie de cómo debe funcionar el mundo»… Estas reformas incluyen las personales, dirigidas a mí y a ti. ¿Necesitamos tantas cosas en nuestras vidas?, se pregunta [Lanchester]. «En un mundo que se está quedando sin recursos, la idea ética, política y ecológica más importante puede resumirse en una simple palabra: «suficiente»».

Y eso es bueno, «suficiente», por ahora. Así que disfruten del prólogo del ex presidente Clinton a esta nueva edición, disfruten del prólogo del gurú de la gestión Tom Peters, y luego disfruten del libro en sí.

Disfruta. Aprende. Enseña. Y únete al desfile.

JOHN C. BOGLE
ABRIL DE 2010

La gran seducción

Las personas que crearon este país construyeron una estructura moral en torno al dinero. El legado puritano inhibía el lujo y la autoindulgencia. Benjamín Franklin difundió un evangelio práctico que enfatizaba el trabajo duro, la templanza y la frugalidad. Millones de padres, predicadores, editores de periódicos y maestros expusieron el mensaje. El resultado fue notable.

Estados Unidos ha sido una nación próspera desde su fundación. Pero el país, en general, no se había corrompido por la riqueza. Durante siglos, fue un país industrial, ambicioso y frugal.

En los últimos treinta años, gran parte de eso se ha destruido: las normas sociales y las instituciones que fomentaban la frugalidad y gastar lo que se gana se han debilitado. Se han reforzado las instituciones que fomentan el endeudamiento y el vivir al día. Los guardianes de la moral del país no dejan de buscar la decadencia en Hollywood y en los reality shows. Pero la decadencia más desenfrenada hoy en día es la decadencia financiera, el pisoteo de las normas decentes sobre cómo usar y aprovechar el dinero.

David Brooks
EL NEW YORK TIMES
10 de junio de 2008

Introducción

En una fiesta ofrecida por un multimillonario en Shelter Island, Kurt Vonnegut informa a su amigo, Joseph Heller, de que su anfitrión, un gestor de fondos de cobertura, había ganado más dinero en un solo día que Heller con su popularísima novela *Catch-22* (Trampa 22) en toda su historia. Heller responde: «Sí, pero yo tengo algo que él nunca tendrá... suficiente».

Suficiente. Me quedé aturdido por la simple elocuencia de esa palabra, aturdido por dos razones: en primer lugar, porque me han dado mucho en mi propia vida y, en segundo lugar, porque Joseph Heller no podría haber sido más preciso. Para un elemento crítico de nuestra sociedad, incluidos muchos de los más ricos y poderosos de entre nosotros, parece no haber límite hoy en día en lo que supone lo suficiente.

Vivimos en tiempos maravillosos y tristes: maravillosos en el sentido de que las bendiciones del capitalismo democrático nunca han estado tan ampliamente distribuidas por todo el mundo, y tristes en el sentido de que los excesos de ese mismo capitalismo democrático rara vez han estado más a la vista. Los excesos se manifiestan con mayor crudeza en la continua crisis (que no es una descripción extrema[3]) en nuestras industrias bancarias y de inversión excesivamente apalancadas y especulativas, e incluso en nuestros dos enormes prestamistas hipotecarios patrocinados por el gobierno (pero de propiedad pública), Fannie Mae y Freddie Mac, por no hablar de los sueldos anuales de más de mil millones de dólares que cobran los principales gestores de fondos de cobertura y en la obscena (no hay otra palabra para ello) compensación pagada a los directores

---

3. Según el Fondo Monetario Internacional, es «la mayor crisis financiera de Estados Unidos desde la Gran Depresión».

ejecutivos de las corporaciones cotizadas de nuestra nación, incluidos los directores ejecutivos fracasados, a menudo incluso cuando son despedidos.

Pero la avaricia desenfrenada que amenaza con abrumar a nuestro sistema financiero y al mundo empresarial va más allá del dinero. No saber lo que es suficiente subvierte nuestros valores profesionales. Convierte en vendedores a quienes deberían ser fiduciarios de las inversiones que se les confían. Convierte un sistema que debería basarse en la confianza en uno que tiene como base la contabilidad. Y, lo que es peor, esta confusión sobre lo «suficiente» nos lleva por el mal camino en nuestras vidas. Perseguimos las falsas rabietas del éxito; con demasiada frecuencia nos inclinamos ante el altar de lo transitorio y finalmente sin sentido y no apreciamos lo que está más allá del cálculo.

Ese mensaje, creo, es el que Joseph Heller plasmó en esa poderosa y única palabra «suficiente»: no solo nuestra adoración de la riqueza y la creciente corrupción de nuestra ética profesional, sino en última instancia la subversión de nuestro carácter y valores. Así que ahí es donde quiero empezar, con lo que mejor conozco: cómo mi propia vida ha moldeado mi carácter y mis valores, y cómo mi carácter y mis valores han moldeado mi vida. Como verán, me han dado lo «suficiente» de innumerables maneras.

Crecer

Tal vez el mejor lugar para empezar sea mi herencia: fuertemente escocesa, lo que puede ser suficiente para explicar mi aparentemente legendaria tacañería. Los Armstrong, antepasados de mi abuela por parte de mi madre, llegaron a Estados Unidos desde Escocia a principios de 1700 para cultivar aquí (un maravilloso recordatorio de que casi todos nosotros somos descendientes de inmigrantes). Siempre he considerado a mi bisabuelo —Philander Banister Armstrong— como mi progenitor espiritual. Fue un líder del sector, pero hizo todo lo posible por reformar primero el sector de los seguros contra incendios (en un discurso pronunciado en 1868 en San Luis, imploró: «Señores, reduzcan sus costes»), y luego el sector de los seguros de vida. Su enérgica diatriba de 1917

—de 258 páginas— se tituló *A License to Steal: Cómo el sector de los seguros de vida roba miles de millones a nuestra propia gente.* La frase final: «El paciente [el sector de los seguros] tiene un cáncer. El virus está en la sangre. No solo es un enfermo terminal, sino que es peligroso para la comunidad. Llama al sepulturero».

La familia Hipkins —la familia de mi madre— era de Virginia y también llegó a Estados Unidos a principios del siglo XVIII; algunos de sus descendientes servirían en el ejército de los Estados Confederados. Mis abuelos Hipkins, John Clifton Hipkins («El Patrón») y Effie Armstrong Hipkins («Chick»), eran personajes pintorescos que esperaban que sus tres hijos y seis nietos fueran buenos ciudadanos y sacaran lo mejor de sí mismos.

William Brooks Bogle y su esposa Elizabeth también llegaron aquí desde Escocia, pero mucho más tarde, a principios de la década de 1870. Aunque *Ellis Island* aún no era el puerto de entrada, sus nombres figuran en una placa allí. Su hijo (y mi abuelo) William Yates Bogle fue un exitoso comerciante en Montclair, Nueva Jersey, muy respetado en la comunidad, y el fundador de una empresa que se convirtió en parte de la American Can Company (que a su vez se convirtió en Primerica Corporation en 1987), lo suficientemente grande como para estar entre las treinta acciones del promedio industrial Dow Jones durante setenta y cinco años.

Su hijo, William Yates Bogle Jr., era mi padre. Al comienzo de la Primera Guerra Mundial —antes de que Estados Unidos declarara la guerra— se presentó como voluntario para servir en el *Royal Flying Corps* y pilotó un *Sopwith Camel*. Se decía que este elegante piloto, de gran belleza, se parecía al entonces Príncipe de Gales, que se convirtió en rey de Inglaterra en 1936 (antes de abdicar para casarse con «la mujer que amo»). Mi padre resultó herido al estrellarse su avión y regresó a casa, casándose con mi madre, Josephine Hipkins Bogle, en 1920.

La vida era fácil para la joven pareja acomodada, pero lamentablemente, sus dos primeros hijos (gemelos, Josephine y Lorraine) murieron al nacer. Su primer hijo fue mi hermano William Yates Bogle III, nacido en 1927, seguido por otro par de mellizos el 8 de mayo de 1929, David Caldwell Bogle, y yo, John Clifton Bogle.

Sin manos ociosas

Nacimos unos años después de que mi abuelo Bogle nos proporcionara una bonita casa nueva para la creciente familia en Verona, Nueva Jersey (colindante con Montclair). Pero llegó la Gran Depresión, y pronto tanto mi casa como la herencia de mi padre desaparecieron. Nos mudamos a la casa de los padres de mi madre, la primera de las frecuentes mudanzas que enviarían a la familia a la costa de Jersey.

Así que, aunque mi familia empezó con lo suficiente —de hecho, mucho más que suficiente—, pronto nos vimos en apuros económicos. (Mi padre, que había crecido rodeado de las cosas buenas de la época, carecía de la determinación de su padre, y luchaba por mantener un trabajo). Desde una edad temprana, los tres chicos tuvimos que ganarnos lo que teníamos. Bien recuerdo el estribillo constante: «Las manos ociosas son las herramientas del diablo».

A menudo he pensado que los tres hermanos tuvimos el entorno perfecto para crecer: una familia con prestigio comunitario y nunca preocupada por ser inferior o tratada de forma irrespetuosa, pero con la necesidad de responsabilizarnos de nuestros propios gastos (e incluso de ayudar a financiar el erario familiar), la iniciativa para conseguir empleo y la disciplina de trabajar para los demás. Aunque teníamos amigos maravillosos —todavía hoy lo siguen siendo— que tenían más que suficiente y que jugaban mientras nosotros trabajábamos, aprendimos pronto la alegría de aceptar responsabilidades, de usar nuestro ingenio y de comprometernos con la gente (rica y no tan rica) a la que servíamos en nuestros diversos trabajos, en invierno, verano, primavera y otoño.

Academia Blair: «Ven, estudia, aprende»

En séptimo y octavo grado, los mellizos asistimos a una pequeña escuela de gramática en Spring Lake, Nueva Jersey; luego pasamos a la cercana Manasquan High School. Pero mi madre, ambiciosa para sus hijos y profundamente preocupada porque no estábamos recibiendo la mejor educación, buscó algo mucho mejor. Gracias a su persistencia y determinación, los tres chicos Bogle se convirtieron en alumnos internos de la Academia Blair, en el noroeste de Nueva Jersey, una oportunidad increíble para comenzar una buena educación. Fue el impulso de mi madre por la educación de sus hijos lo que superó nuestra falta de dinero, y Blair nos proporcionó becas y trabajos. En mi primer año, serví mesas y, en mi último año, ascendí al exigente puesto de jefe de los camareros.

El lema de Blair (traducido del latín) es «Ven, estudia, aprende», y así lo hice. Empujado por los exigentes maestros de la vieja escuela, que parecían intuir que, con un gran esfuerzo, podría sobresalir —aunque el trabajo de clase era mucho más exigente que cualquier otro que hubiera encontrado antes—, poco a poco fui superando mi temprano retraso en los estudios. Cuando me gradué, fui el mejor alumno de la clase y me eligieron como el «mejor estudiante» y el «más probable para tener éxito», galardones que pueden indicar tanto la determinación de la que todavía no me puedo librar como, quizás, el espíritu emprendedor que más tarde daría forma a mi carrera. Nunca olvidaré la inspiración que recibí cuando en mi tercer año leí esta frase en el ensayo de Thomas Macaulay sobre Samuel Johnson: «La fuerza de su mente superó todos sus impedimentos».

Así que mi actitud respecto a lo que es suficiente en esta vida, creo que ha sido moldeada en gran medida por mi herencia y las experiencias de mi juventud, entre las que destaca el haber sido bendecido por una familia fuerte: abuelos orgullosos, padres cariñosos y una maravillosa hermandad de tres que luchábamos entre nosotros pero que estábamos unidos cuando otros querían enfrentarse a nosotros.

Esa combinación bien podría haber llevado a ninguna parte; después de todo, los Bogle no estábamos peor que innumerables otros jóvenes estadounidenses. Pero a medida que me acercaba a la madurez, y siempre después, he sido bendecido con infinita buena fortuna en mi vida, a menudo de dimensión milagrosa. Sin duda, mi primera gran oportunidad fue cuando la Academia Blair aceptó la responsabilidad de mi educación. Sin estas oportunidades,

¿quién sabe dónde estaría (de hecho, como pronto aprenderás, incluso si estaría) hoy? He llegado a referirme a cada giro de la buena fortuna como algo parecido al descubrimiento de un diamante. A lo largo de mi vida, como ha resultado, descubriría «acres de diamantes».

Acres de diamantes

En la antigua Persia, un acaudalado agricultor abandona su hogar en busca de una riqueza aún mayor y se pasa la vida buscando infructuosamente una mina de diamantes tal vez mítica. Finalmente, cuando la edad y los años de frustración le pasan factura, se arroja al mar y muere, como un infeliz mendigo, lejos de casa. Mientras tanto, en su finca, el nuevo propietario, al inspeccionar su vasta extensión, ve algo en un arroyo, algo brillante que resplandece a la luz del sol. Se trata de un gran diamante, que resulta estar en la cima de la fabulosa mina de Golconda.

Esta historia era una de las favoritas del Dr. Russell Conwell, que fundó la Universidad de Temple de Filadelfia en 1884. La historia inspiró su clásica conferencia «Acres de diamantes», que pronunció más de seis mil veces en todo el mundo. La moraleja de la historia: «Tus diamantes no están en montañas lejanas o en mares lejanos; están en tu propio patio trasero, solo debes cavar para encontrarlos».

El primer estudiante de lo que se convertiría en Temple se sintió tan inspirado por el discurso que acudió al Dr. Conwell, deseoso de recibir una educación pero sin poder pagarla. Aceptado en el acto para la tutela, el hombre llegó a ocupar una posición de eminencia y servicio público. No me cuesta creer esa historia porque cuando, de joven, leí por primera vez la conferencia del Dr. Conwell, su mensaje también me inspiró, como me sigue inspirando hoy. Y todos esos afortunados descubrimientos de un diamante tras otro tuvieron lugar justo en mi propio patio trasero, en una ciudad en la que nunca antes había puesto el pie.

En Filadelfia

Fue justo antes del Día de Acción de Gracias de 1945, poco después del final de la Segunda Guerra Mundial, cuando un joven residente de Nueva Jersey llegó por primera vez a Filadelfia. Mi difunto hermano mellizo, David, bendito sea, estaba conmigo; éramos dos chicos de dieciséis años que bajaban de un autobús de la Academia Blair y venían por primera vez a la Ciudad del Amor Fraternal para celebrar las fiestas con nuestra madre y nuestro padre. Nuestros padres (mi hermano mayor, William, que entonces tenía dieciocho años, estaba sirviendo en el *U.S. Marine Corps*) se habían mudado recientemente a un piso de dos habitaciones en la tercera planta de una modesta casa en los suburbios de Ardmore, pero el pequeño espacio era suficiente para todos nosotros, al menos durante las vacaciones. Cenábamos en el pequeño restaurante Horn & Hardart's, a la vuelta de la esquina. Más tarde, cuando estaba de vacaciones, trabajaba en el turno de noche en la oficina de correos de Ardmore.

Encontré mi primer diamante, si no en Filadelfia, cerca. Gracias a la extraordinaria preparación para la universidad que me había dado la Academia Blair, conseguí ser admitido en la Universidad de Princeton. Para que pudiera asistir económicamente, la universidad me ofreció tanto una beca completa como un trabajo de camarero en Commons. (En años posteriores, trabajé en la taquilla de la Asociación Atlética, dirigiendo uno de sus departamentos durante mis dos últimos años).

Con una serie de trabajos de verano (uno como corredor en una empresa local de corretaje; otro como reportero en la sección de policía del *Philadelphia Evening Bulletin*), pude ganar el dinero restante que necesitaba. Trabajaba mucho y las horas eran largas. Pero entonces me gustaba el trabajo duro —todavía me gusta— y crecí con la inestimable ventaja de tener que trabajar por lo que tenía. Pero en mi larga carrera no recuerdo haber pensado nunca en el trabajo como trabajo, con una excepción: una temporada como acomodador de bolos en una bolera (¡Ese sí que es un trabajo verdaderamente sisifeano!).

En Princeton, un descubrimiento

Mientras estudiaba en Princeton, el matrimonio de mis padres se vino abajo. Mi padre se trasladó a Nueva York, y mi querida madre, enferma terminal, se quedó en Filadelfia. Yo quería volver allí para estar con ella después de mi graduación en 1951, y el destino intervino para hacerlo posible. (Lamentablemente, su vida terminó en 1952).

En Princeton, ese joven idealista y callado con un corte de pelo militar había decidido escribir su tesis del departamento de economía acerca de un tema sobre el que no se había escrito ninguna tesis anterior. No sobre John Maynard Keynes, ni sobre Adam Smith, ni sobre Karl Marx, sino sobre un tema fresco y nuevo. Solo el destino puede explicar el hecho de que en diciembre de 1949, buscando mi tema, abriera la revista *Fortune* en la página 116 y leyera un artículo («*Big Money in Boston*») sobre un instrumento financiero del que nunca había oído hablar: el fondo común de inversión. Cuando el artículo describió el sector como «diminuto pero polémico», supe que había encontrado mi tema y, aunque no podía saberlo en ese momento, también otro diamante.

Después de un año de intenso estudio del sector de los fondos de inversión, completé mi tesis y la envié a varias empresas líderes del sector. Una de ellas fue Walter L. Morgan, pionero de los fondos comunes de inversión, fundador del Wellington Fund, con sede en Filadelfia, y miembro de la promoción de 1920 de Princeton. Leyó mi tesis y le gustó lo suficiente como para escribir: «Un trabajo bastante bueno para un muchacho de universidad sin ninguna experiencia práctica en la vida empresarial. En gran parte como resultado de esta tesis, hemos incorporado al Sr. Bogle a nuestra organización de Wellington». Empecé justo después de mi graduación en 1951 (*magna cum laude*, gracias en gran parte a mi tesis) y nunca miré atrás. Desde entonces he trabajado allí de una forma u otra, como pronto verán.

No tengo forma de saber si es cierto, como me dijeron algunos de sus colaboradores más cercanos después de su muerte, que Walter Morgan me consideraba el hijo que nunca tuvo. Pero fue como un padre para mí. Se convirtió en mi mentor leal y de confianza, el hombre que me dio la primera oportunidad de mi larga carrera. Es más, el señor Morgan fue mi roca, el hombre que confió en mí cuando yo tenía poca confianza en mí mismo, el hombre que me dio la fuerza para seguir adelante a través de cada triunfo y tragedia que se produjera.

Cuando me incorporé a Wellington Management Company en 1951, era una empresa importante en un sector minúsculo, y gestionaba un único fondo de inversión (Wellington Fund) con solo ciento cincuenta millones de dólares en activos. Pero estábamos creciendo rápidamente. A principios de los años sesenta, estaba profundamente involucrado en todos los aspectos del negocio y pronto me convertí en el aparente heredero de Walter Morgan. A principios de 1965, cuando solo tenía treinta y cinco años, me dijo que sería su sucesor al frente de la empresa ¡Otro diamante más! Aunque muchos otros diamantes seguían ocultos en la tierra debajo de mí, sin descubrir, la empresa estaba en apuros y el señor Morgan me dijo que «hiciera lo que fuera necesario» para resolver nuestros problemas de gestión de inversiones.

Una puerta se cierra; una ventana se abre

Atrevido, impulsivo e ingenuo, encontré un socio para la fusión —justamente en Boston— que esperaba que me ayudara a hacer exactamente eso. El acuerdo de fusión se firmó el 6 de junio de 1966. Con un mercado alcista de acciones de nuestro lado, el matrimonio funcionó perfectamente hasta principios de 1973. Pero cuando llegó el mercado bajista y la bolsa se desplomó (un declive que acabaría reduciendo los precios de las acciones en un 50 %), tanto los jóvenes y agresivos gestores de inversiones —que eran mis nuevos socios— como yo decepcionamos a los accionistas de nuestro fondo. (¡El valor de los activos de uno de nuestros fondos se desplomó un 75 %!)

A finales de 1974, cuando el mercado bajista pasó factura y un gran número de nuestros accionistas se dieron a la fuga, los activos bajo nuestra gestión se hundieron, pasando de 3.000 millones de dólares a 1.300 millones. No es de extrañar que mis socios y yo tuviéramos una discusión. Pero mis adversarios tenían más votos en el consejo de administración de la empresa que yo, y fueron ellos los que me despidieron de la que había considerado mi empresa. Es más, pretendían trasladar todo Wellington a Boston. No estaba dispuesto a dejar que eso sucediera.

Me encantaba Filadelfia, mi ciudad de adopción que tan bien se había portado conmigo. Había echado mis raíces allí, encontrando diamantes inimaginables. En 1956 me casé con mi amada esposa, Eve, que había nacido y crecido en Filadelfia, y en 1971 ya habíamos sido bendecidos con seis maravillosos hijos (a los que luego seguirían 12 estupendos nietos). Nuestra intención era quedarnos donde estábamos, y yo tenía un plan para hacerlo. Cuando se cerró la puerta de mi carrera en Wellington, se abrió una puerta lo suficientemente amplia como para permitirme permanecer en Filadelfia.

No fue fácil hacer este truco, y de hecho no lo habría intentado si no hubiera tenido las dos características que alguien me atribuyó una vez: «la terquedad de un idealista y el alma de un luchador callejero». Después de una larga y amarga lucha, pude aprovechar una ligera diferencia en la estructura de gobierno de los fondos Wellington (propiedad de sus propios accionistas) y de Wellington Management Company (propiedad de accionistas públicos, pero controlada en gran medida por los antiguos socios que acababan de despedirme) para hacer una nueva carrera —y con ella más diamantes de los que jamás hubiera podido imaginar—.

Complicaciones

La mayoría de los directores del consejo de administración de los fondos comunes de inversión eran independientes de Wellington Management Company, y les propuse que adoptaran una estructura inédita y única, en la que los fondos se gobernaran a sí mismos. La idea era sencilla. ¿Por qué nuestros fondos de inversión iban a contratar a una empresa externa para gestionar sus asuntos —el *modus operandi* de nuestra industria entonces y ahora— cuando podían gestionarse ellos mismos y ahorrar una pequeña fortuna en comisiones? Podrían ser fondos comunes de verdad. La batalla fue muy reñida a lo largo de ocho ajetreados, agitados y polémicos meses, en los que el consejo de administración de los fondos estuvo dividido casi a partes iguales. Pero esta nueva estructura finalmente se impuso. [4]

Llamé a nuestra nueva empresa HMS Vanguard, el buque insignia de Lord Horatio Nelson en la gran victoria británica sobre la flota de Napoleón en la Batalla del Nilo en 1798. Quería enviar el mensaje de que nuestro aguerrido Grupo Vanguard saldría victorioso en las guerras de los fondos de inversión, y que nuestro Vanguard sería, como dice el diccionario, «el líder de una nueva tendencia». Sin embargo, mi idea sufrió un revés cuando los directores de los fondos permitieron que Vanguard (ahora propiedad de los fondos) se ocupara únicamente de la parte administrativa de las actividades de la empresa, responsable de los asuntos operativos, legales y financieros de los fondos. Cuando empezamos en mayo de 1975, se nos prohibió asumir la responsabilidad de la gestión de las inversiones y la comercialización, los otros dos —y mucho más críticos— lados del triángulo de los servicios esenciales de los fondos de inversión. Para mi disgusto, estos servicios clave seguirían siendo prestados por mis rivales de Wellington Management Company.

Surge una empresa completa

Sabía que tendríamos que ampliar nuestro estrecho margen de maniobra y responsabilizarnos de toda la gama de servicios administrativos, de inversión y de marketing que requieren todos los complejos de fondos si queríamos que Vanguard tuviera siquiera una oportunidad de éxito. Así que tuvimos

---

4. Este resultado favorable nunca habría sido posible sin el apoyo incondicional del presidente del grupo de directores independientes de los fondos Wellington, el difunto Charles D. Root, Jr. Gracias, Chuck, porque sin ti Vanguard probablemente no habría llegado a existir.

que buscar más diamantes. Rápidamente encontramos uno que rivalizaba en tamaño al legendario diamante Kohinoor. El hecho de que la gestión de las inversiones quedara fuera del mandato de Vanguard me llevó a desarrollar en pocos meses una gran idea con la que había jugado durante años, que incluso había sido sugerida por la investigación que había realizado para mi tesis de licenciatura, y en la que había escrito que los fondos de inversión «no pueden pretender ser superiores a las medias del mercado». Antes de que terminara 1975, habíamos creado el primer fondo de inversión indexado del mundo.

La idea era la esencia de la simplicidad: la cartera de inversión se limitaría a mantener todos los valores del índice bursátil Standard & Poor's (S&P) 500, en función de su peso en el mercado, y seguiría de cerca sus rendimientos. Nuestro fondo indexado fue objeto de burlas durante años, y no fue copiado hasta casi una década después. El nuevo fondo, originalmente llamado First Index Investment Trust (ahora *Vanguard 500 Index Fund*), comenzó con solo 11 millones de dólares de activos, y fue apodado «la locura de Bogle». Pero demostró su eficacia. El primer fondo indexado obtuvo gradualmente rendimientos compuestos sustancialmente superiores a los obtenidos por los fondos de renta variable tradicionales, y se convertiría en el mayor fondo de inversión del mundo. En la actualidad, el Vanguard 500 es uno de los 82 fondos de inversión indexados y virtuales que constituyen casi un billón de dólares de la base de activos de Vanguard, que ahora asciende a 1,3 billones de dólares. [5]

Así, en palabras del Salmo 118, «la piedra que desecharon los constructores… se convirtió en la principal piedra angular» de nuestra nueva firma. Pero su nacimiento fue algo muy frágil.

---

5. En realidad, gestionamos cuarenta y cinco fondos indexados «auténticos», definidos de forma estricta. Aunque están bien gestionados por excelentes profesionales de la inversión, considero que otros treinta y siete fondos son fondos indexados «virtuales», en su mayoría fondos de bonos y del mercado monetario administrados a un coste nominal bajo rigurosas normas de vencimiento y calidad, y que siguen de cerca las medidas adecuadas de los mercados de renta fija.

El argumento de que no estábamos sobrepasando nuestro estrecho mandato inicial apenas pasó por la aprobación del consejo de administración. El truco del fondo indexado, sostenía, era que no necesitaba ser «gestionado»; simplemente compraría todos los valores del índice S&P 500. Pero con este paso casi de gestión, nos habíamos acercado al segundo lado —el lado de la inversión—del triángulo de los servicios esenciales de los fondos.

¿Cómo ampliar de nuevo nuestro mandato para controlar el tercer y último aspecto, la función de marketing? Pues encontrando otro diamante. Y así lo hicimos. La idea era eliminar la necesidad misma de la distribución, abandonando la red de agentes de bolsa que había distribuido las acciones de Wellington durante casi medio siglo, y en su lugar confiar no en los vendedores para vender las acciones del fondo, sino en los compradores para comprarlas. Los riesgos de este cambio radical eran enormes, pero también lo eran las oportunidades.

El 7 de febrero de 1977, tras otra batalla divisiva y otra decisión del consejo de administración que se ganó por los pelos, hicimos una conversión sin precedentes de la noche a la mañana a un sistema de comercialización sin carga de ventas. Una vez más, nunca hemos mirado atrás. Nunca hemos tenido que hacerlo. Con los gastos de explotación extraordinariamente bajos que se convirtieron en nuestra seña de identidad —producto de nuestra estructura mutualista y nuestra disciplina de costes—, ofrecer nuestras acciones sin comisiones de venta resultó ser un paso lógico y oportuno en un mundo que estaría cada vez más impulsado por la elección del consumidor y la búsqueda de valor.

El lema de nuestra estrategia de marketing: «Si lo construyes, vendrán» (una frase ya conocida que inspiró la creación de un campo de béisbol en Iowa, inmortalizada en la película *Campo de sueños*). Y, aunque lo que habíamos construido tardó años en llegar a buen puerto, los inversores vinieron, primero por miles y luego por millones.

Un impresionante respaldo del Tribunal de Última Instancia

Sin embargo, los diamantes que Vanguard había acumulado durante esas luchas aún no estaban en nuestra posesión. Solo los teníamos en préstamo. La Comisión del Mercado de Valores (SEC) solo nos había dado una orden temporal que nos permitía dar algunos de estos pasos cruciales. Lo creas o no, tras una tediosa audiencia reglamentaria de una semana de duración, el personal de la SEC falló en contra de nuestro plan sin precedentes. Asombrados, porque sabía que lo que hacíamos era bueno para los inversores, presentamos una enérgica apelación y —tras una lucha que duró cuatro largos años— triunfamos por fin en 1981, cuando la SEC dio un giro de 180° y aprobó por fin nuestro plan. La Comisión lo hizo con una floritura retórica que concluyó con estas palabras:

> *El plan de Vanguard... fomenta realmente los objetivos de la Ley [de Sociedades de Inversión de 1940], promueve una mejora en la comunicación con los accionistas,... mejora claramente la independencia de los fondos, [y] promueve un complejo de fondos comunes de inversión saludable y viable dentro del cual cada fondo puede prosperar mejor.*

En todos los aspectos, el saludo de despedida de la Comisión resultó ser premonitorio.

Así que los diamantes no iban a Boston. Por fin estaban definitivamente en nuestras manos —o, más exactamente, en las de nuestros accionistas— y permanecían donde debían estar, en la Gran Filadelfia, cuna de Wellington en 1928 y de Vanguard en 1974. Se podría pensar que el almacén de diamantes de mi Golconda se había agotado por fin. Pero, milagrosamente, resultó haber otro diamante más esperando mi descubrimiento.

Un cambio de corazón [6]

Paradójicamente, el siguiente diamante que iba a descubrir, también en mi propio patio, tenía la forma de un nuevo corazón. (Como todos sabemos, en algunos juegos de cartas un corazón vence un diamante. También es cierto en la vida). Llevaba luchando contra un corazón débil desde mi primer ataque, en 1960. En 1995, el tiempo casi se había agotado; solo la mitad de mi corazón seguía bombeando. Ese otoño, entré en el Philadelphia's Hahnemann Hospital, y el 21 de febrero de 1996 recibí por fin mi nuevo corazón, solo unos meses, o quizá semanas o incluso días, antes de que mi propio corazón cansado hubiera expirado. Llevaba ciento veintiocho días esperando en el hospital, conectado las veinticuatro horas del día a una vía intravenosa que me suministraba medicamentos para estimular el corazón.

Extrañamente, a pesar de las circunstancias traumáticas, nunca pensé que moriría. Tampoco pensé que viviría. No me parecía sensato pensar en el resultado de ninguna de las dos maneras. Pero viví, y con el corazón que ahora late en mi cuerpo —el regalo de la vida de un donante anónimo— y gracias a los cuidados de los médicos y las enfermeras que han sido mis ángeles de la guarda, he disfrutado de una salud inmejorable durante lo que ya son más de una docena de años, una razón más por la que estoy convencido de que he recibido más bendiciones —más «acres de diamantes en mi propio patio trasero»— que cualquier otro ser humano sobre la faz de la tierra.

Tesoros falsos y verdaderos

Me complace especialmente hablarles de los diamantes que hay en mi vida y en mi carrera, porque estoy seguro de que cada uno de ustedes, los lectores, también han sido bendecidos con diamantes, tal vez muchos de ellos, si tan

---

6. En inglés la frase «A change of heart» significa «un cambio de parecer» pero en este caso se utiliza como un corazón literal.

solo se detuvieran y se tomaran un momento para contarlos. Pero, con demasiada frecuencia, al igual que el granjero rico de la parábola del Dr. Conwell, buscamos tesoros ilusorios e ignoramos los verdaderos que se encuentran justo debajo de nuestros pies. (Nótese el «nosotros»: soy tan culpable como cualquier otra persona).

Así que me han dado suficientes diamantes (y corazones) para vivir una vida maravillosa, que espero haya sido útil para una familia, una empresa, una industria, incluso una sociedad. Pero durante estos primeros años del siglo XXI, he desarrollado una profunda preocupación por el hecho de que nuestra sociedad se esté moviendo en la dirección equivocada, una preocupación tan bellamente expresada en el epígrafe de David Brooks que inicia este libro. Supongo que Kurt Vonnegut y Joe Heller compartirían esta opinión. Mientras en Shelter Island hablaban de «lo suficiente» en el contexto del dinero y las inversiones, su obra mostraba un espejo de toda nuestra sociedad que reflejaba algunos de los abusos y desigualdades que hemos llegado a aceptar y dar por sentados.

En nuestro sistema financiero, centramos nuestras expectativas en los rendimientos que pueden ofrecer los mercados financieros, ignorando los costes exorbitantes que extrae nuestro sistema financiero, los impuestos excesivos generados por los niveles récord de comercio especulativo y la inflación generada por un gobierno que gasta (nuestro) dinero por encima de sus posibilidades, devastando groseramente estos rendimientos. Nos dedicamos a la locura de la especulación a corto plazo y evitamos la sabiduría de la inversión a largo plazo.

Ignoramos los verdaderos diamantes de la simplicidad y buscamos, en cambio, los ilusorios diamantes de imitación de la complejidad.

En los negocios, ponemos demasiado énfasis en lo que se puede contar y no lo suficiente en confiar y ser confiado. Cuando deberíamos hacer exactamente lo contrario, permitimos —de hecho, casi obligamos— que nuestras profesiones se comporten más como empresas. En su lugar, deberíamos animar a las empresas y corporaciones (las empresas que crean productos y servicios) a recuperar los valores profesionales que muchas de ellas han dejado de lado. Tenemos más que suficiente del «oro de los tontos» del marketing y las ventas y no suficiente del oro real de la confianza y la administración. Y pensamos más como gerentes, cuya tarea es hacer las cosas bien, que como líderes, cuya tarea es hacer lo correcto.

En la vida, con demasiada frecuencia permitimos que lo ilusorio triunfe sobre lo real. Nos centramos demasiado en las cosas y no lo suficiente en los intangibles que hacen que las cosas valgan la pena; demasiado en el éxito (una palabra que nunca me ha gustado) y no lo suficiente en el carácter, sin el cual el éxito no tiene sentido. En medio de las presiones del siglo XXI por la satisfacción inmediata y la acumulación de información a la carta, hemos olvidado los valores ilustrados del siglo XVIII. Dejamos que las falsas nociones de satisfacción personal nos cieguen al verdadero sentido de la vocación que da al trabajo valor para nosotros mismos, nuestras comunidades y nuestra sociedad.

El desafío de Sócrates

Cuando expongo estos puntos en foros de todo el país, a veces me siento como uno de esos profetas de las viñetas del *New Yorker* («¡Arrepentíos, porque el fin está cerca!»). Aunque mi mensaje no está de moda—y es generalmente mal recibido por los responsables de nuestras instituciones corporativas y financieras— el mensaje no es nada nuevo. Pensemos que, hace dos mil quinientos años, Sócrates lanzó el mismo mensaje en su desafío a los ciudadanos de Atenas.

> *«Os honro y os amo; pero, ¿por qué vosotros, que sois ciudadanos de esta grande y poderosa nación, os preocupáis tanto por acumular la mayor cantidad de dinero y honor y reputación, y tan poco por la sabiduría y la verdad y la mayor mejora del alma? ¿No os avergonzáis de esto?... No hago otra cosa que persuadiros a todos de que no penséis en vuestras personas y propiedades, sino que os preocupéis primero y principalmente por*

la mayor mejora del alma. Os digo que la virtud no la da el dinero, sino que de la virtud viene el dinero y cualquier otro bien del hombre.»

Difícilmente puedo competir con Sócrates. Pero en el transcurso de estos extraordinariamente bendecidos setenta y nueve años de vida que he disfrutado al máximo, he llegado, como Sócrates, a algunas opiniones firmes sobre el dinero, sobre lo que debería enorgullecernos y avergonzarnos en nuestros negocios y profesiones, y sobre cuáles son los tesoros falsos y verdaderos en nuestras vidas. Ofrezco estas opiniones aquí con la esperanza de que, tomando prestada una de las frases favoritas de Kurt Vonnegut, pueda estimular sus mentes, queridos lectores, con un poco de humanidad.

DINERO

1

Demasiado coste, poco valor

Permíteme comenzar con este maravilloso y antiguo epigrama de la Gran Bretaña del siglo XIX:

Algunos hombres se ganan la vida con la naturaleza y con sus manos; esto se llama trabajo.

Algunos hombres se ganan la vida con los que se ganan la vida con la naturaleza y con sus manos; esto se llama comercio.

Algunos hombres se ganan la vida con los que se ganan la vida con los que se ganan la vida con la naturaleza y con sus manos; esto se llama finanzas.

Incluso hoy, estas fuertes palabras siguen describiendo las realidades de la relación entre el sistema financiero en el que he pasado toda mi carrera y la economía en general.

Las reglas bajo las que funciona nuestro sistema —que yo llamo, en honor al juez Louis Brandeis, «las implacables reglas de la humilde aritmética»— son férreas:

- La rentabilidad bruta generada en los mercados financieros menos los costes del sistema financiero es igual a la rentabilidad neta realmente entregada a los inversores.
- Por lo tanto, mientras nuestro sistema financiero entregue a nuestros inversores en conjunto cualquier rendimiento que nuestros mercados

de acciones y bonos sean lo suficientemente generosos como para entregar, pero solo después de deducir los costes de la intermediación financiera (es decir, para siempre), la capacidad de nuestros ciudadanos de acumular ahorros para la jubilación seguirá viéndose seriamente socavada por los enormes costes del propio sistema.

- Cuanto más toma el sistema financiero, menos gana el inversor.
- El inversor se alimenta en la base de lo que hoy es la tremendamente costosa cadena alimentaria de la inversión.

La verdad esencial, pues, que resume cada uno de estos puntos indiscutibles: en general, el sistema financiero resta valor a nuestra sociedad.

Estas son las realidades modernas de nuestro sistema financiero, pero se han ido construyendo durante mucho tiempo, al igual que el propio sector financiero se ha ido convirtiendo durante muchas décadas en el mayor elemento de la economía estadounidense.

Hemos pasado a un mundo en el que aparentemente demasiados de nosotros ya no ganamos nada; nos limitamos a comerciar con trozos de papel, a intercambiar acciones y bonos de un lado a otro y a pagar a nuestros crupieres financieros una auténtica fortuna. En el proceso, hemos añadido inevitablemente aún más costes al crear derivados financieros cada vez más complejos en los que se han incorporado al sistema financiero riesgos enormes e insondables.

El sabio socio de Warren Buffett, Charlie Munger, lo pone en evidencia:

> *«La mayor parte de la actividad lucrativa contiene efectos profundamente antisociales... A medida que las modalidades de alto coste se hacen cada vez más populares... la actividad exacerba la actual tendencia nociva en la que se atrae a un número cada vez mayor de jóvenes cerebros de la nación hacia la gestión lucrativa del dinero y sus fricciones modernas concomitantes, a diferencia del trabajo, que proporciona mucho más valor a los demás.»*

Comparto la preocupación de Munger por la afluencia de jóvenes talentos a un campo que inevitablemente resta tanto valor a la sociedad. Cuando hablo con estudiantes universitarios, a menudo les digo exactamente eso. Pero nunca les aconsejo directamente que no entren en el campo de la gestión del dinero. Las palabras por sí solas no van a disuadir a nadie de entrar en un campo tan rentable. Más bien, pido a los jóvenes graduados que consideren tres advertencias antes de hacerlo. Y te pido a ti, sea cual sea tu vocación, que consideres estas mismas advertencias y cómo podrían aplicarse a tu propia vida y a tu propia comprensión de cómo, en nuestras propias vidas transitorias, vamos más allá de lo que es «suficiente» en la búsqueda de la satisfacción y la felicidad, y nos esforzamos por hacer mucho más que el bien suficiente para nuestros semejantes.

Una previsión profética

En el punto álgido del auge del sector financiero, en un discurso de graduación en la Universidad de Georgetown en mayo de 2007, esto es lo que tenía que decir sobre este tema:

- Uno, si entras en el campo financiero, hazlo con los ojos bien abiertos, reconociendo que cualquier empresa que extraiga valor de sus clientes puede, en tiempos más difíciles que estos, encontrar que ha caído en su propia trampa. En Wall Street se dice, con razón, que «el dinero no tiene conciencia», pero no permitas que esto te permita ignorar tu propia conciencia, ni alterar tu propia conducta y carácter.
- En segundo lugar, cuando empieces a invertir para tener lo suficiente para tu propia jubilación dentro de muchas décadas, hazlo de forma que minimice la extracción por parte de la comunidad financiera de los rendimientos generados por el negocio. Esto es, sí, una especie de recomendación autocomplaciente de invertir en fondos indexados de bolsa estadounidense y mundial de bajo coste (el modelo Vanguard), pero

hacerlo es la única manera de garantizar tu parte justa de cualquier rendimiento que nuestros mercados financieros sean generosos como para proveer suficiente.

- En tercer lugar, independientemente de la carrera que elijas, haz todo lo posible por mantener en alto tus valores profesionales tradicionales, que ahora se están erosionando, en los que servir al cliente es siempre la máxima prioridad. Y no ignores el bien mayor de tu comunidad, tu nación y tu mundo. Como señaló William Penn, «solo pasamos por este mundo una vez, así que haz ahora todo el bien que puedas hacer, y muestra ahora toda la bondad que puedas mostrar, porque no volveremos a pasar por aquí».

Resulta que la advertencia que expuse en ese discurso —la necesidad de reconocer «que cualquier empresa que extraiga valor de sus clientes puede, en tiempos más difíciles que los actuales, encontrarse con que ha caído en su propia trampa»— resultó no solo inquietantemente profética, sino sorprendentemente oportuna. La industria ha volado por los aires con su propia dinamita.

Efectivamente, en julio de 2007, solo dos meses después de mi discurso, el sector financiero —dirigido, por así decirlo, por Citigroup y los bancos de inversión Merrill Lynch y Bear Stearns— comenzó a desmoronarse, ya que los arriesgados, imprudentes, complejos y costosos instrumentos de deuda que sus empresas crearon comenzaron a ser un problema. Se produjeron enormes bajas en las valoraciones de los balances. A mediados de 2008, esas bajas sumaban un asombroso total de 975.000 millones de dólares, y lo peor estaba por llegar.

Cómo ganarse la vida con las finanzas

En mi discurso en Georgetown señalé que, durante 2006, el sector financiero representó por sí solo 215.000 millones de dólares de los 711.000 millones de dólares de beneficios de las quinientas empresas que componen el índice bursátil S&P 500, el 30 % del total (y quizás el 35 %, o más, si incluimos los beneficios de las filiales financieras de las grandes empresas industriales, como General Electric). El dominio de las empresas financieras en nuestra economía y nuestro mercado de valores ha sido extraordinario. Los beneficios de estas empresas financieras por sí solas superan los beneficios de nuestras empresas energéticas y tecnológicas —altamente rentables— combinadas, y triplican los beneficios de nuestro floreciente sector sanitario y de nuestras gigantescas empresas industriales.

A finales de 2007, los beneficios del sector financiero se habían desplomado casi a la mitad, hasta los 123.000 millones de dólares anuales. Los beneficios del sector financiero no solo se habían reducido del 30 % al 17 % del total de 600.000 millones de dólares de beneficios de las empresas del S&P 500; el sector también representó el 90 % de la disminución de los beneficios del S&P 500 en el año. La carnicería ha continuado durante 2008. Llámalo justicia poética.

Pero, ¿lo es? Los clientes de las empresas bancarias han perdido cientos de miles de millones de dólares en las obligaciones de deuda de riesgo que los bancos crearon, y los despidos de empleados están en marcha —más de doscientos mil trabajadores del sector financiero ya han perdido sus puestos de trabajo—, pero la mayoría de los ejecutivos de la banca de inversión siguen cobrando salarios asombrosamente altos.

Me recuerda una historia, quizá apócrifa, que leí hace poco sobre un banquero de inversión que se dirigía a sus colegas tras el colapso del mercado de bonos respaldados por hipotecas. «La mala noticia es que hemos perdido mucho dinero. La buena noticia es que nada de eso era nuestro». Esta historia es un recordatorio más de que, en su mayor parte, lo que es bueno para la industria financiera es malo para ti.[7]

---

7. Al menos es posible que no todas las empresas financieras antepongan sus propios intereses a los de sus clientes. Cuando John Thain, antiguo alto ejecutivo de Goldman Sachs, se convirtió en consejero delegado de Merrill Lynch a finales de 2007, se le preguntó en qué se diferenciaban las firmas. Su respuesta: "Merrill realmente pone a los clientes en primer lugar". Tendrá que decidir usted mismo sobre la validez de la afirmación.

Fortunas por fracasar

Considere la remuneración de tres reconocidos directores generales del sector financiero que fallaron a sus clientes y a sus accionistas por igual durante las recientes turbulencias.

- Charles Prince, director general de Citigroup, asumió el cargo en octubre de 2003, cuando las acciones de Citigroup se vendían a 47 dólares por acción. Aunque al banco le fue bien durante unos años más, creó una cartera de inversiones muy arriesgada que se vino abajo en cinco años, con bajas (hasta ahora) de unos 21.000 millones de dólares. Los beneficios de Citigroup cayeron de 4,25 dólares en 2006 a 0,72 dólares por acción en 2007 y las acciones, en el momento de escribir este artículo, están a unos 20 dólares por acción. El Sr. Prince recibió 138 millones de dólares por sus esfuerzos cuando los tiempos eran buenos, pero no incurrió en ninguna sanción por el desastre que siguió. (Prince dimitió el 4 de noviembre de 2007).
- La experiencia de Stanley O›Neal, director general de Merrill Lynch, fue similar: los riesgos asumidos por la empresa en su cartera de inversiones cargadas de riesgo estallaron a finales de 2007, con 19.000 millones de dólares de pérdidas (y probablemente más a partir de entonces). Merrill informó pérdidas netas para el año de 10,73 dólares por acción, y el precio de sus acciones cayó de 95 dólares por acción a menos de 20 dólares en la actualidad. Sin embargo, la compensación del Sr. O›Neal, de 161 millones de dólares durante 2002-2007, no se vio afectada, y el paquete del plan de jubilación que recibió al dimitir en octubre de 2007 fue pagado en su totalidad por la junta (otros 160 millones, para un total de 321 millones).
- Tal vez lo más atroz sea que James E. Cayne, director general de Bear Stearns, cobró unos 232 millones de dólares entre 1993 y 2006, cuando el precio de las acciones de este banco de inversión pasó de 12 dólares por acción a 165 dólares. Pero la arriesgada y poco líquida

cartera de inversiones de la empresa, junto con su elevado apalancamiento (activos de unas treinta y cinco veces el capital), llevó a Bear al borde de la quiebra. La Reserva Federal tuvo que garantizar el valor de gran parte de la cartera antes de que JPMorgan Chase aceptara comprar la empresa por un precio de dos dólares por acción (que finalmente se elevó a diez dólares), lo que supone una pérdida de unos 25.000 millones de dólares de capital social. Pero los millones de dólares de indemnización del Sr. Cayne ya se habían pagado. (Aunque su inversión en Bear, valorada en su día en mil millones de dólares, se había reducido a sesenta millones de dólares cuando vendió sus acciones en marzo de 2008, probablemente la mayoría de nosotros creemos que sesenta millones de dólares es muchísimo dinero, especialmente teniendo en cuenta la catastrófica pérdida de capital de otros accionistas y la devastadora pérdida de puestos de trabajo de miles de empleados de Bear, que no desempeñaron ningún papel en la desaparición de la empresa).

Parafraseando a Winston Churchill, en cuanto a logros: «Nunca se ha pagado tanto a tantos por tan poco».

Cara, gano yo; cruz, pierdes tú

Por muy ricos que se hayan hecho nuestros reyes de las finanzas en las últimas décadas —y por mucho coste injustificado que hayan extraído de los inversores— su riqueza palidece en comparación con la que han acumulado nuestros gestores de fondos de cobertura más exitosos. Solo en 2007, los cincuenta gestores de fondos de cobertura mejor pagados ganaron en conjunto 29.000 millones de dólares (sí, veintinueve mil millones). Si no ganaste 360 millones de dólares en ese año, ni siquiera te metiste entre los veinticinco primeros. Sí, para los jugadores de alto riesgo, la especulación —ya sea en Wall Street, en el hipódromo o en Las Vegas— puede producir enormes recompensas especulativas.

Según el New York Times, el gestor de fondos de cobertura mejor pagado en 2007 fue John Paulson, que se llevó 3.700 millones de dólares. Se dice que su empresa, Paulson & Company, ganó más de 20.000 millones de dólares para sus clientes apostando contra determinados valores respaldados por hipotecas (que se describen más adelante). ¿Quién va a negar a Paulson una gran parte de las recompensas que su empresa ganó para sus clientes por una especulación tan notablemente exitosa? [8]

¡Yo no! Mi problema con la increíble compensación que reciben los gestores de fondos de cobertura es su asimetría, su falta de equidad fundamental. Los gestores del lado ganador de la especulación ganan mucho, pero los perdedores no pierden mucho. Por ejemplo, si la empresa de Paulson ganó su apuesta al apostar que los valores respaldados por hipotecas o las obligaciones de deuda colateral caerían (o estar en el lado correcto de las especulaciones de rango conocidas como intercambios de incumplimiento crediticio), alguna otra empresa perdió su apuesta, apostando que esas obligaciones de deuda (o esos intercambios) subirían. Pero esos gestores, que se sepa, no devolvieron veinte mil millones a sus clientes. Así que el enorme coste de nuestro sistema financiero aumentó, beneficiando a los del sector incluso mientras sus clientes se empobrecían (relativamente hablando).

Un ejemplo hipotético aclara este punto. Supongamos que tú inviertes en un fondo de fondos de cobertura, con dos gestores que dirigen acciones iguales, uno en cada lado de la operación descrita anteriormente. Uno de ellos ganó el 30 % y el otro perdió el 30 %, por lo que tu cuenta estaba igualada... hasta

---

8. Me parece mal que los gestores de fondos de cobertura utilicen el tipo impositivo máximo del 15 % que el gobierno federal aplica a los denominados intereses transferidos, una expresión confusa que se refiere a la parte de los beneficios que se paga a los gestores de fondos de cobertura. Un tipo de interés tan bajo es un insulto para los ciudadanos trabajadores cuyos ingresos, mucho más reducidos, están a menudo sujetos a tipos impositivos federales estándar que son el doble o más altos. También entiendo que una planificación fiscal inteligente permite diferir estos ingresos, libres de cualquier impuesto y obteniendo un rendimiento hasta que se retiren más tarde. No es de extrañar que los intentos de reforma fiscal por parte del Congreso se hayan visto desbordados por los bien financiados grupos de presión contratados por los gestores de fondos de cobertura.

ahora. Pero tu pagaste al ganador, digamos, el 20 % de su ganancia del 30 % —o el 6 %— más su comisión de gestión del 2 %, un total del 8 %. También pagaste al perdedor su comisión básica del 2 %, con lo que la comisión de toda tu cuenta ascendió a una media del 5 %. A continuación, pagaste al gestor del fondo de fondos otro 2 %. Así que, aunque tu cartera tuvo un rendimiento de inversión nulo (antes de los costes), perdiste el 7 % de tu capital. Una vez más, el sector gana; el inversor pierde.

Fuga de cerebros

Inevitablemente, los enormes ingresos percibidos por los gestores de fondos de cobertura en la época reciente y los asombrosos salarios y primas pagados a los banqueros de inversión han inflamado la imaginación de muchos de los graduados de nuestras escuelas de negocios y han convertido a Wall Street en el destino preferido para sus carreras. A pesar de la alarma lanzada por gente como Charlie Munger y otros, la afluencia de jóvenes cerebros al sector financiero siguió cobrando impulso incluso cuando los mercados financieros perdían el suyo. El número de Analistas Financieros Colegiados (CFA) alcanzó la cifra récord de ochenta y dos mil, y Barron's informó recientemente de que «no menos de ciento cuarenta mil nuevos solicitantes —también un récord— de todos los rincones de la tierra hacen cola para realizar los exámenes que conferirán a los afortunados el codiciado imprimátur [CFA]».

Tal vez debería alegrarme esta noticia. Al fin y al cabo, es una vocación a la que he dedicado toda mi carrera. Sin embargo, me temo que la motivación de demasiados de los que se apresuran a entrar en las finanzas está más alineada con lo que pueden obtener de la sociedad que con lo que pueden devolverle; y es una certeza matemática que el coste de los servicios prestados por sus empresas, como grupo, superará el valor que crean. Esta es la cuestión en la que quiero que se centren: la desconexión entre el coste y el valor en nuestro sistema financiero.

La sangría de costes e impuestos

Empecemos por los costes, donde es más fácil ver a través de la niebla. En los últimos cincuenta años, la rentabilidad bruta (nominal) de las acciones ha sido del 11 % anual por término medio, por lo que 1.000 dólares invertidos en acciones al principio tendrían hoy un valor de 184.600 dólares. No está mal, ¿verdad? Pero a los particulares les cuesta dinero poseer acciones: comisiones de corretaje, honorarios de gestión, cargas de venta, honorarios de asesoramiento, costes de toda esa publicidad, honorarios de abogados, etc. Una buena estimación de estos costes es del 2 % anual. Si descontamos esos gastos de inversión, incluso con una tasa de solo el 2 %, la tasa histórica de rendimiento neto bajaría al 9 %, y el valor final se reduciría en más de la mitad, a solo 74.400 dólares.

Si asumimos que tan solo un 1,5 % es pagado por los inversores sujetos a impuestos para cubrir los impuestos sobre la renta y las ganancias de capital sobre ese rendimiento, la tasa de rendimiento después de impuestos caería al 7,5 %, y la acumulación final de riqueza se desplomaría otra mitad, hasta los 37.000 dólares. Claramente, la maravillosa magia de los rendimientos compuestos ha sido superada por la poderosa tiranía de los costes compuestos. Alrededor del 80 % de lo que podríamos haber esperado ganar se ha desvanecido en el aire. (Advertencia: en términos de dólares reales, reducidos por la tasa de inflación del 4,1 % durante el último medio siglo, el valor final ajustado a la inflación de la inversión inicial de 1.000 dólares después de los costes e impuestos sería —en lugar de 184.600 dólares nominales, antes de los costes y los impuestos— ¡unos minúsculos 5.300 dólares!)

El tipo equivocado de hechicería

Los costes de nuestro sistema financiero actual son tan elevados en gran medida porque hemos abandonado las normas tradicionales (y exitosas) de inversión, bien descritas por las palabras del legendario Benjamin Graham, tal como aparecieron en el *Financial Analysts Journal* de mayo-junio de 1963:

Mi tesis básica —tanto para el futuro como para el pasado— es que un analista financiero inteligente y bien formado puede realizar un trabajo útil como asesor de carteras para muchos tipos de personas, y así justificar ampliamente su existencia. También afirmo que puede hacerlo adhiriéndose a principios relativamente sencillos de inversión sólida; por ejemplo, un equilibrio adecuado entre bonos y acciones; una diversificación apropiada; la selección de una lista representativa; el desaliento de las operaciones especulativas que no son adecuadas para la posición financiera o el temperamento del cliente, y para ello no necesita ser un mago en la elección de los ganadores de la lista de acciones o en la predicción de los movimientos del mercado.

Cualquiera que esté familiarizado con las ideas que he defendido durante mi larga carrera no se sorprenderá al saber que suscribo con pasión estos sencillos principios de equilibrio, diversificación y concentración en el largo plazo, por no hablar de mi escepticismo ante la posibilidad de que los seleccionadores de valores y los magos de la previsión del mercado puedan, en conjunto y a lo largo del tiempo, añadir valor.

De hecho, cuando entré en el sector de los fondos de inversión hace cincuenta y siete largos años, sus gestores invertían más o menos de la manera prescrita por Graham. Entonces, las carteras de los principales fondos de renta variable consistían en gran medida en listas diversificadas de valores de primera categoría, y sus gestores de cartera invertían para el largo plazo. Evitaban la especulación, operaban sus fondos con costes que eran (según los estándares actuales) minúsculos, y ofrecían a sus inversores rendimientos similares a los del mercado. Sin embargo, como muestran claramente sus registros a largo plazo, esos gestores de fondos no eran «magos en la elección de ganadores».

Los costes vuelven a ser una pesadilla

Hoy en día, si los gestores de fondos pueden presumir de ser magos en algo, es en la extracción de dinero de los inversores. En 2007, los costes directos del sistema de fondos de inversión (en gran medida, las comisiones de gestión y los gastos de funcionamiento y comercialización) ascendieron a más de 100.000 millones de dólares. Además, los fondos también pagan decenas de miles de millones de dólares en comisiones por transacciones a las empresas de corretaje y a los banqueros de inversión e, indirectamente, a sus abogados y a todos esos otros facilitadores. Los inversores de los fondos también pagan otros 10.000 millones de dólares en honorarios cada año a los asesores financieros.

Pero, en su defensa, los fondos de inversión representan solo una parte —en realidad, una parte relativamente pequeña— de los costes totales en que incurren los inversores en el sistema de intermediación financiera de nuestro país. Si a esos 100.000 millones de dólares de costes de los fondos mutuos se añaden 380.000 millones de dólares de costes adicionales de los bancos de inversión y de los corredores de bolsa, más todas las comisiones pagadas a los gestores de los fondos de cobertura y de los fondos de pensiones, a los departamentos fiduciarios de los bancos y a los asesores financieros, así como los honorarios legales y contables, la cuenta asciende a unos 620.000 millones de dólares anualmente. (Nadie sabe la cifra exacta. Lo único que se puede decir con certeza es que, de una forma u otra, estos miles de millones los pagan los propios inversores).

Y no hay que olvidar que estos costes se repiten año tras año. Si se mantiene el nivel actual —supongo que aumentará—, los costes agregados de intermediación ascenderían a unos asombrosos seis billones de dólares en la próxima década. Pensemos ahora en estos costes acumulados en relación con el valor de quince billones de dólares del mercado de valores estadounidense y el valor de treinta billones de dólares de nuestro mercado de bonos.

Los inversores obtienen precisamente lo que no pagan

El hecho de que los rendimientos de los inversores sean inferiores a los del mercado por los costes del sistema es indiscutible, pero a menudo se argumenta también que nuestro sistema financiero añade valor a nuestra sociedad por los demás beneficios que aporta a los inversores. Pero esta afirmación contradice la realidad de nuestro sistema, ya que no funciona en las condiciones clásicas del libre mercado. El sistema está plagado de asimetría de información (que favorece a los vendedores frente a los compradores), competencia imperfecta y decisiones irracionales impulsadas por las emociones más que por la razón.

Esto no quiere decir que nuestro sistema financiero solo genere costes. Crea un valor sustancial para nuestra sociedad. Facilita la asignación óptima del capital entre una variedad de usuarios; permite que compradores y vendedores se encuentren eficientemente; proporciona una liquidez notable; aumenta la capacidad de los inversores para capitalizar el valor descontado de los flujos de caja futuros, y de otros inversores para adquirir el derecho a esos flujos de caja; crea instrumentos financieros (entre los que se incluyen los llamados derivados, a menudo de una complejidad alucinante, cuyos valores se derivan de otros instrumentos financieros) que permiten a los inversores asumir riesgos adicionales, o desprenderse de una gran variedad de riesgos transfiriéndolos a otros.

No, no se trata de que el sistema no genere beneficios. La cuestión es si, en general, los costes de obtener esos beneficios han alcanzado un nivel que los sobrepasa. La respuesta, por desgracia, parece bastante obvia, al menos para mí: la industria financiera no solo es el mayor sector de nuestra economía, sino que también es la única industria en la que los clientes no reciben ni de lejos lo que pagan. De hecho, dadas las implacables reglas de la humilde aritmética, los inversores en su conjunto obtienen precisamente lo que no pagan. (Paradójicamente, si no pagaran nada, lo obtendrían todo).

Una cuestión tan importante

En los últimos dos siglos, nuestra nación ha pasado de ser una economía agrícola a una economía manufacturera, a una economía de servicios y ahora a una economía predominantemente financiera. Pero nuestra economía financiera, por definición, deduce del valor creado por nuestros negocios productivos. Piénsalo: mientras que los propietarios de las empresas disfrutan de los rendimientos de los dividendos y del crecimiento de los beneficios que crea nuestro sistema capitalista, los que juegan en los mercados financieros captan esas ganancias de la inversión solo después de deducir los costes de la intermediación financiera. Así, mientras la inversión en empresas estadounidenses es un juego de ganadores, ganar a la bolsa antes de esos costes es un juego de suma cero. Pero, una vez deducidos los costes de intermediación, batir el mercado —para todos nosotros como grupo— se convierte en un juego de perdedores.

Sin embargo, a pesar del amplio y, hasta hace muy poco, rápido creciente dominio del sector financiero en nuestra vida económica total, no conozco ningún estudio académico que haya intentado calcular sistemáticamente el valor extraído por nuestro sistema financiero de los rendimientos obtenidos por los inversores. Tampoco ha aparecido un solo artículo (excepto el mío) sobre el tema en las revistas profesionales, ni en el *Journal of Finance*, ni en el *Journal of Financial Economics*, ni en el *Journal of Portfolio Management*, ni en el *Financial Analysts Journal*. El primer artículo del que tengo constancia —Kenneth R. French, *The Cost of Active Investing* (en acciones estadounidenses)— está, a mediados de 2008, pendiente de publicación en el *Journal of Finance*.

Hay que levantar ese velo de ignorancia. Tenemos que encontrar la manera de mejorar radicalmente el sistema de formación de capital de nuestra nación mediante una combinación de educación, divulgación, regulación y reforma estructural y legal. Si este libro es un acicate para alcanzar ese objetivo, habré invertido bien mi tiempo en escribirlo. Pero la cuestión es que el trabajo debe hacerse. Hasta que se haga, la economía financiera seguirá restando un valor desmesurado a nuestras empresas productivas y, en los tiempos difíciles que veo por delante, esa es una pérdida que no podemos tolerar por más tiempo.

En junio de 2007, Glen Weyl, el mejor alumno de la Universidad de Princeton y estudiante de economía (ahora Dr. Weyl, ya que obtuvo su doctorado en economía solo un año después) describió así su pasión por la investigación intelectual: «Hay cuestiones tan importantes que es, o debería ser, difícil pensar en otra cosa». Hay cuestiones tan importantes que es, o debería ser, difícil pensar en otra cosa. El funcionamiento eficiente del defectuoso sistema de intermediación financiera de nuestro país es precisamente una de esas cuestiones.

Ya es hora no solo de reflexionar sobre esta cuestión, sino de estudiarla a fondo, de calcular sus costes y de relacionar esos costes con los valores que los inversores no solo esperan ganar, sino que tienen derecho a ganar. Nuestro sistema financiero conlleva bastantes costes —de hecho, demasiados— y, por tanto (de nuevo, por definición), no crea suficiente valor para los participantes en el mercado. Las finanzas se ganan la vida con aquellos que se ganan la vida con la naturaleza, con el comercio y con los negocios. Es esencial que exijamos que el sector financiero funcione mucho más eficazmente en el interés público y en el interés de los inversores de lo que lo hace hoy.

2

Demasiada especulación, poca inversión

La inversión consiste en la propiedad a largo plazo de las empresas. Las empresas se centran en la acumulación gradual de valor intrínseco, derivado de la capacidad de nuestras empresas que cotizan en bolsa para producir los bienes y servicios que nuestros consumidores y ahorradores demandan, para competir eficazmente, para prosperar en el espíritu empresarial y para capitalizar el cambio. Las empresas añaden valor a nuestra sociedad y a la riqueza de nuestros inversores.

A lo largo de más de un siglo, el valor creciente de nuestra riqueza corporativa —la acumulación de la rentabilidad de los dividendos y el crecimiento de los beneficios— se asemejaba a una suave pendiente ascendente con, al menos durante los últimos setenta y cinco años, muy pocas aberraciones significativas.

La especulación es precisamente lo contrario. Se trata de la negociación a corto plazo, no de la tenencia a largo plazo, de instrumentos financieros —papeles, no empresas— centrados en gran medida en la creencia de que sus precios, a diferencia de sus valores intrínsecos, subirán; de hecho, una expectativa de que los precios de las acciones que se seleccionan subirán más que otras acciones, ya que las expectativas de otros inversores aumentan para igualar las propias. Una línea que represente la trayectoria de los precios de las acciones durante el mismo periodo es significativamente más irregular y espasmódica que la línea que muestra los rendimientos de las inversiones.

La clara distinción entre inversión y especulación, por mucho que se haya olvidado hoy, es antigua. La mejor definición moderna fue expuesta en 1936 por el gran economista británico John Maynard Keynes en su *Teoría general del empleo, el interés y el dinero.* Conocí su libro en Princeton en 1950 y lo cité en mi tesis de licenciatura sobre el sector de los fondos de inversión.

Keynes definió la inversión como «la previsión del rendimiento prospectivo de un activo durante toda su vida». Definió la especulación como «la actividad de prever el mercado». Keynes estaba muy preocupado por la posibilidad de que, cuando los gestores de dinero profesionales no pudieran compensar la opinión desinformada de las ignorantes masas dedicadas a la especulación pública, se alejarían de la inversión y se acercarían a la especulación, convirtiéndose ellos mismos en especuladores. Así, hace ya setenta años, nos advirtió: «Cuando la empresa se convierte en una mera burbuja, en un remolino de especulación [y] el desarrollo del capital de un país se convierte en un subproducto de las actividades de un casino, es probable que el trabajo del capitalismo esté mal hecho».

A corto plazo, los rendimientos de las inversiones solo están tenuemente vinculados a los rendimientos especulativos. Pero a largo plazo, ambos rendimientos deben ser —y serán— idénticos. No te fíes de mi palabra. Escucha a Warren Buffett, porque nadie lo ha dicho mejor: «Lo máximo que pueden ganar los propietarios en conjunto de aquí al día del juicio final es lo que gane su negocio en conjunto». Ilustrando el punto con Berkshire Hathaway, la compañía de inversión de propiedad pública que ha dirigido durante más de cuarenta años, Buffett dice: «Cuando las acciones tienen temporalmente un rendimiento superior o inferior al del negocio, un número limitado de accionistas —vendedores o compradores— reciben beneficios superiores a expensas de aquellos con los que negocian. [Pero] con el tiempo, las ganancias agregadas obtenidas por los accionistas de Berkshire deben coincidir necesariamente con las ganancias comerciales de la empresa.» [énfasis añadido]

Dicho de otro modo, como el gran mentor de Buffett, Benjamin Graham, señaló una vez: «A corto plazo, el mercado de valores es una máquina de votar... [pero] a largo plazo es una máquina de pesar». Pero hay que llevar la obviedad indiscutible de Buffett — y la de Graham— un paso más allá. Porque, aunque «las ganancias agregadas obtenidas por los accionistas de Berkshire deben coincidir necesariamente con las ganancias comerciales de la empresa», las ganancias o pérdidas agregadas de los vendedores y compradores —aunque estén negociando entre sí en lo que es prácticamente un círculo cerrado— no se equilibran por igual. Como grupo, los inversores captan el rendimiento de Berkshire; como grupo, los especuladores no.

Una distracción gigante

Cuando los participantes en el mercado son en su mayoría inversores, centrados en la economía de las empresas, el poder subyacente de nuestras corporaciones para obtener un sólido rendimiento del capital invertido por sus propietarios es lo que impulsa el mercado de valores, y la volatilidad es baja. Pero cuando nuestros mercados están impulsados, como hoy, en gran medida por especuladores, por expectativas y por la esperanza, la codicia y el miedo, las oscilaciones inevitablemente contraproducentes de las emociones de los participantes en el mercado —desde la efervescencia del optimismo hasta la negrura del pesimismo— producen una gran volatilidad, y las turbulencias resultantes que estamos presenciando son casi inevitables.

¿Esta especulación de los gestores de fondos de inversión y de otros participantes en el mercado es saludable para los inversores? ¿Para nuestros mercados financieros? ¿Para nuestra sociedad? Por supuesto que no. A muy largo plazo, todos los rendimientos obtenidos por las acciones no se deben a la especulación, sino a la inversión: el poder productivo del capital invertido en nuestras empresas. La historia nos dice, por ejemplo, que desde 1900 hasta 2007 el rendimiento total anual calculado de las acciones fue de una media del 9,5 %, compuesto en su totalidad por el rendimiento de la inversión, aproximadamente el 4,5 % del rendimiento medio de los dividendos y el 5,0 % del crecimiento de los beneficios. (¿Me atrevo a recordarles que este rendimiento no refleja ni los costes de inversión de los crupieres, de los que hablamos en el capítulo anterior, ni la erosión de la inflación?)

Lo que yo llamo el rendimiento especulativo —el impacto anualizado de cualquier aumento o disminución de la relación precio-beneficio (P/B) o del múltiplo P/B— resultó ser cero durante este periodo, con los inversores pagando un poco más de quince dólares por cada dólar de beneficios (P/B = 15) al principio del periodo, y aproximadamente lo mismo al final. Por supuesto, los cambios en el P/B pueden tener lugar durante largos periodos; pero solo en raras ocasiones el rendimiento especulativo a largo plazo añade más de 0,5 % a la rentabilidad anual de la inversión, o resta más de un 0,5 %.

El mensaje es claro: a largo plazo, los rendimientos de las acciones han dependido casi por completo de la realidad de los rendimientos de inversión relativamente predecibles obtenidos por las empresas.

Las percepciones totalmente imprevisibles de los participantes en el mercado, reflejadas en las cotizaciones momentáneas de las acciones y en los cambiantes múltiplos que impulsan los rendimientos especulativos, no han contado esencialmente para nada. Es la economía la que controla los rendimientos de la renta variable a largo plazo; el impacto de las emociones, tan dominante a corto plazo, se disuelve. Por lo tanto, «el mercado de valores es una gigantesca distracción del negocio de la inversión».

Un juego de perdedores

La distinción entre el mercado real y el mercado de las expectativas fue quizás mejor expresada por Roger Martin, decano de la Rotman School of Business de la Universidad de Toronto. En el mercado real de los negocios, las empresas reales gastan dinero real y contratan a personas reales e invierten en bienes de equipo reales, para fabricar productos reales y prestar servicios reales. Si compiten con habilidad real, obtienen beneficios reales, con los que pagan dividendos reales. Pero esto exige una estrategia real, una determinación real y un gasto de capital real, por no hablar de la necesidad de una innovación real y una previsión real.

En cambio, en el mercado de las expectativas, los precios se fijan, no por la realidad de los negocios que acabamos de describir, sino por las expectativas de los inversores. Lo más importante es que estas expectativas son fijadas por números, números que son en gran medida el producto de lo que nuestros directivos quieren que sean, demasiado fácilmente manejados, manipulados y definidos de múltiples maneras. Además, no solo permitimos, sino que parece que alentamos a los directivos, cuyo verdadero trabajo es crear valor empresarial real, a apostar en el mercado de expectativas, donde se cotizan y ejercen sus opciones sobre acciones. Esta práctica debería ser explícitamente ilegal, al igual que lo es en la mayoría de los deportes profesionales. Imaginemos, por ejemplo, lo que ocurriría si se permitiera a los quarterbacks de la Liga Nacional de Fútbol o a los pívots de la Asociación Nacional de Baloncesto apostar por los márgenes de sus propios equipos antes de los partidos. Sin embargo, los directores generales hacen exactamente eso, lo cual es una de las razones por las que la compensación en opciones de acciones crea enormes distorsiones en nuestro sistema financiero.

¿Cuál es el juego del ganador y cuál el del perdedor? ¿Apostar por cifras y rendimientos reales, y comprar y mantener acciones a largo plazo? (Es decir, invertir). ¿O apostar por cifras esperadas y rendimientos inventados, y en esencia alquilar acciones en lugar de poseerlas? (Es decir, especular). Si entiendes cómo las probabilidades en las apuestas disminuyen tus posibilidades de ganar en los juegos de azar —ya sea en la lotería, en Las Vegas, en el hipódromo o en Wall Street— tu decisión de ser un especulador o un inversor no es ni siquiera complicada.

La especulación está en el asiento del conductor

A pesar de las matemáticas elementales que garantizan la superioridad de la inversión sobre la especulación, hoy vivimos en la época más especulativa de la historia. Cuando entré en el campo financiero en 1951, la tasa anual de rotación de las acciones se situaba en torno al 25 %.[9] Permaneció en ese rango bajo durante la mayor parte de las dos décadas siguientes, y luego aumentó gradualmente hasta superar el 100 % en 1998, acercándose a la tasa de rotación récord del 143 % de finales de los años 1920. Sin embargo, para el año pasado, la rotación de las acciones se había disparado otras dos veces. La rotación se disparó al 215 %, y al 284 % si añadimos la asombrosa cantidad de especulación en los fondos cotizados (ETF).

Consideremos un ejemplo descarnado de uno de los nuevos instrumentos financieros que tipifica el espectacular aumento de la especulación. En 1955, cuando la capitalización total del mercado del índice S&P 500 era de 220.000 millones de dólares, no existían ni futuros ni opciones que permitieran a los participantes en el mercado especular con el precio del índice (o protegerse de él). Entonces se crearon los futuros y las opciones sobre índices, una bonanza para el mercado financiero. Estos nuevos productos facilitaron no solo apostar en el mercado, sino también el apalancamiento de las apuestas. A principios de 2008, el valor de estos derivados del índice S&P 500 —estos futuros y opciones— ascendía a 29 billones de dólares, más del doble del valor de mercado de 13 billones de dólares del propio índice S&P 500. Ese mercado de expectativas, por tanto, sería al menos el doble del valor del mercado real, incluso si la elevada actividad de rotación de las propias acciones del índice S&P 500 no estuviera dominada, como lo está, por la negociación especulativa.

Un sencillo ejemplo demuestra que la especulación es un juego de perdedores. Supongamos que la mitad de las acciones de cada uno de los 500 valores del S&P están en manos de inversores que no negocian en absoluto, y la otra mitad en manos de especuladores que negocian únicamente entre ellos. Por definición, los inversores como grupo captarán la rentabilidad bruta del índice; los especuladores como grupo captarán, debido a sus costes de negociación, solo la rentabilidad neta (más baja). La conclusión obvia es que los

---

9. Definimos el «volumen de negocio» como el número de acciones negociadas como porcentaje de las acciones en circulación.

inversores ganan y los especuladores pierden. No hay forma de evitarlo. Por lo tanto, la orgía de especulación a la que asistimos hoy no sirve a los participantes en el mercado. Solo sirve a Wall Street.

Cisnes negros y rendimientos del mercado

Cuando la percepción —las cotizaciones bursátiles intermedias— se aleja enormemente de la realidad —los valores corporativos intrínsecos—, la brecha solo puede conciliarse a favor de la realidad. Es sencillamente imposible elevar la realidad a la percepción en cualquier corto periodo de tiempo; la dura y exigente tarea de crear valor empresarial en un mundo competitivo es una propuesta a largo plazo. Aun así, siempre que los precios de las acciones pierden contacto con los valores corporativos y comienzan a formarse burbujas, demasiados participantes en el mercado parecen anticipar que los valores pronto subirán para justificar los precios, en lugar de lo contrario.

Eso es lo que la mentalidad especulativa hace a los inversores. Les anima a ignorar lo inevitable, incluso descontando la probabilidad de lo improbable. Y entonces llega un día de como el 19 de octubre de 1987 y las verdades eternas del mercado real se reafirman una vez más. Aquel día, que se conoció como el «lunes negro», el índice Dow Jones cayó de 2.246 a 1.738 puntos, lo que supuso un asombroso descenso de casi el 25 %. Nunca se había producido un descenso tan precipitado. De hecho, la caída fue casi el doble de la mayor caída diaria anterior de 13 %, que tuvo lugar el 24 de octubre de 1929 (jueves negro), una lejana y temprana advertencia de que la Gran Depresión estaba por llegar.

Desde su primer máximo hasta el cierre del mercado de valores en aquel fatídico lunes negro de 1987, se había borrado alrededor de un billón de dólares del valor total de las acciones estadounidenses. La caída pareció conmocionar a casi todos los participantes en el mercado.

Pero, ¿por qué? En el mercado de valores puede pasar de todo; y yo diría que ese punto es aún más cierto hoy.

Los cambios en la naturaleza y la estructura de nuestros mercados financieros —y un cambio radical en sus participantes— están haciendo que sean cada vez más probables las aberraciones del mercado sorprendentes e inesperadas. Las sorprendentes oscilaciones del mercado que hemos presenciado en los últimos años tienden a confirmar esa probabilidad. En las décadas de 1950 y 1960, las variaciones diarias del nivel de las cotizaciones bursátiles solían superar el 2 % solo tres o cuatro veces al año. Pero en el año que terminó el 30 de julio de 2008, hemos sido testigos de treinta y cinco movimientos de este tipo: catorce fueron al alza y veintiuno a la baja. Basándonos en la experiencia pasada, la probabilidad de este escenario era nula.

Así que la especulación no solo es un juego de perdedores, sino que es un juego cuyo resultado no puede predecirse con ningún tipo de confianza. Las leyes de la probabilidad no se aplican a nuestros mercados financieros. Porque en los mercados financieros impulsados por la especulación no hay ninguna razón para esperar que, solo porque un evento no haya ocurrido nunca antes, no pueda ocurrir en el futuro. Metafóricamente hablando, el hecho de que los únicos cisnes que hemos observado los humanos sean blancos no significa que no existan cisnes negros. Para comprobarlo, basta con ver el lunes negro que acabo de mencionar. No solo su ocurrencia fue totalmente impredecible y más allá de toda experiencia histórica, sino que sus consecuencias también lo fueron. Lejos de ser un presagio de días nefastos, resultó ser un presagio del mayor mercado alcista de la historia. Así que uno nunca sabe.

Nassim Nicholas Taleb recoge esta idea con gran perspicacia en su libro *El cisne negro: El impacto de lo altamente improbable* (Random House, 2007).[10] Pero Taleb solo confirma lo que ya sabemos: en los mercados financieros, lo

---

10. Taleb define un "cisne negro" como (1) un acontecimiento fuera del ámbito de nuestras expectativas habituales, (2) un evento que conlleva un impacto extremo y (3) un suceso que, a posteriori, nuestra naturaleza humana nos permite aceptar inventando explicaciones que lo hacen parecer predecible. Así que ahí está: sucesos raros, extremos y retrospectivamente predecibles. La vida está llena de ellos, especialmente en los mercados financieros.

improbable es, de hecho, altamente probable (o, como también señala Taleb, lo altamente probable es totalmente improbable). Sin embargo, demasiados de nosotros, aficionados y profesionales por igual, inversores, asesores y gestores, seguimos mirando al futuro con la aparente confianza de que el pasado es prólogo en los mercados financieros, basándonos en nuestras suposiciones de que las probabilidades establecidas por la historia perdurarán. Por favor, por favor, por favor: no cuenten con ello.

Cisnes negros y rendimientos de la inversión

Las oscilaciones diarias de los rendimientos del mercado no tienen nada que ver con la acumulación de valores de inversión a largo plazo. De hecho, mientras que ha habido numerosos cisnes negros en nuestros mercados financieros orientados al corto plazo y a la especulación, no ha habido cisnes negros en los rendimientos de las inversiones a largo plazo generados por las acciones estadounidenses. ¿Por qué? Porque las empresas —como grupo— emplean el capital de forma eficaz, reaccionando y a menudo anticipando los cambios en la economía productiva de bienes manufacturados y servicios de consumo. Sí, para bien o para mal, nos enfrentamos a oscilaciones cíclicas en nuestra economía, a recesiones periódicas e incluso a raras depresiones. Pero el capitalismo estadounidense ha demostrado una notable capacidad de resistencia, avanzando con firmeza incluso en tiempos de cambio, impulsando el crecimiento de los beneficios y pagando dividendos que han aumentado a buen ritmo a lo largo del tiempo, al ritmo de nuestra creciente economía.

No obstante, siempre ha existido el grave riesgo de que la especulación en nuestra huidiza economía financiera (emociones) extienda su contaminación a nuestra excesivamente productiva economía empresarial. El gran economista estadounidense Hyman Minsky dedicó gran parte de su carrera a su hipótesis de la inestabilidad financiera — «la estabilidad lleva a la inestabilidad»— que resumió exhaustivamente:

Los mercados financieros no solo responderán a las demandas de los líderes empresariales y de los inversores individuales, sino también a la búsqueda de beneficios por parte de las empresas financieras. En ningún lado son la evolución, el cambio y el espíritu empresarial Schumpeteriano[11] más evidentes que en la banca y las finanzas, y en ningún lugar el afán de lucro es más claramente el factor que genera cambio.

Mucho antes de la creación de la reciente ola de productos financieros complejos, Minsky observó que el sistema financiero es especialmente propenso a la innovación. Señaló la relación simbiótica entre las finanzas y el desarrollo industrial, en la que «la evolución financiera desempeña un papel crucial en los patrones dinámicos de la economía». Cuando el capitalismo de gestores de dinero se hizo realidad durante la década de 1980 y los inversores institucionales se convirtieron en los mayores depositarios del ahorro en el país, empezaron a ejercer su influencia en nuestros mercados financieros y en la dirección de nuestras empresas.

La crisis de nuestro sistema financiero, que se hizo dolorosamente evidente a mediados de 2007, fue una cruda advertencia de la clarividencia de Minsky. Entre los pocos participantes del mercado que parecieron verlo venir estaba Jeremy Grantham, uno de los inversores profesionales más reflexivos del país. Tituló su brillante ensayo de fin de año de 2007 *El colapso de Minsky.* Con el colapso de las acciones de Fannie Mae y Freddie Mac, patrocinadas por el gobierno, y la asunción formal por parte del Tesoro de EE.UU. de sus obligaciones de deuda apenas seis meses más tarde, había pocas dudas de que la predicción de Grantham se había cumplido. Solo el tiempo dirá si este colapso de Minsky será meramente cíclico o poderosamente secular.

---

11. Referencia a la obra del gran economista Joseph Schumpeter, cuyo análisis del papel del empresario como motor del crecimiento económico se ha aceptado ya como parte de la sabiduría convencional.

Las tortugas ganan

Sin embargo, los mercados financieros —tan especulativos como lo son de vez en cuando— proporcionan los únicos instrumentos líquidos que facilitan la propiedad de las empresas y nos permiten invertir nuestros ahorros. Entonces, ¿qué hacer en un mundo de inversiones plagado de especulación, rareza, extremos y capacidad de predicción retrospectiva? Peter L. Bernstein, respetado estratega de la inversión, economista, autor de best-sellers y galardonado con una notable serie de premios profesionales, ofreció en 2001 un buen consejo en un ensayo titulado *La solución 60/40* (60 % de acciones, 40 % de bonos), una estrategia centrada en emular a las tortugas de la inversión en lugar de a las liebres especulativas:

> *En la inversión, las tortugas tienden a ganar mucho más a menudo que las liebres en los giros del ciclo del mercado. Hacer grandes apuestas sobre un futuro desconocido es peor que apostar, porque al menos en el juego se conocen las probabilidades. La mayoría de las decisiones en la vida motivadas por la avaricia tienen resultados infelices.*

Las liebres ganan (¿pero cómo puede ser eso?)

Sin embargo, pocos años después, Bernstein cambió de opinión. Permíteme resumir en unos pocos párrafos lo esencial de su influyente artículo en la edición del 1 de marzo de 2003 de su *Economics & Portfolio Strategy*.

> *Sencillamente, no sabemos nada del futuro. No hay garantía de que la experiencia histórica se repita de ninguna manera, forma o secuencia. La previsión de la renta variable no solo es baja, sino que además no tiene en cuenta las anomalías que acechan al entorno de inversión actual.*
>
> *Así que deshazte de la carga adicional de la optimización a largo plazo y deja que las fuerzas a corto plazo desempeñen el papel dominante.*

Confía en una cartera bipolar, con un segmento para las buenas noticias y otro para las malas, buscando las clases de activos más volátiles para hacer el trabajo. Construye murallas alrededor de la renta variable, como los futuros del oro, el capital riesgo, los bienes inmuebles, los instrumentos denominados en divisas, los títulos del Tesoro protegidos contra la inflación (TIPS) y los bonos a largo plazo.

Y la guinda del pastel: no hagas ninguna de estas cosas de forma permanente. Las oportunidades y los riesgos irán y vendrán. Cambia las asignaciones con frecuencia. Se flexible. La inversión de compra y mantenimiento es el pasado; la sincronización con el mercado es el futuro.

Saludo a Peter Bernstein por entrar, con capa roja y todo, en una plaza llena de toros — y osos— y le admiro inmensamente por intentar reconciliar lo irreconciliable. Y, de hecho, lo que recomienda tiene mucho mérito, por muy difícil que sea su aplicación. Pero lo que realmente recomienda, a mi juicio, es la especulación. Y es un juego de perdedores.

Los peligros de operar en el momento justo (*market timing*)

Independientemente de que realizar una operación en el momento justo esté motivada por la codicia, el miedo o cualquier otra cosa, el hecho ineludible es que, para los inversores como grupo, no existe la posibilidad de hacerlo. Para bien o para mal, todos los inversores juntos somos dueños de la cartera total del mercado. Cuando un inversor pide prestado a Pedro para pagar a Pablo, otro hace lo contrario, y la cartera del mercado ni lo sabe ni le importa. Esta transferencia de participaciones entre los participantes es especulación, pura y dura.

Individualmente, por supuesto, cualquiera de nosotros tiene la oportunidad de ganar apartándose de la cartera del mercado. Pero, ¿en qué fundamentos vamos a basar nuestro *market timing*? ¿En nuestra convicción sobre la prima de la renta variable?[12] ¿Preocupación por los riesgos conocidos que ya se reflejan presumiblemente en el nivel de precios del mercado? ¿En los riesgos desconocidos? (No es tarea fácil adivinar lo desconocido). Sí, como dice Bernstein, «las oportunidades y los riesgos aparecerán y desaparecerán en poco tiempo». Estoy de acuerdo con esa proposición. Pero las emociones humanas y los defectos de comportamiento impiden que las aprovechemos. Cuéntame como uno de los que simplemente no cree que el *market timing* funcione.

No olvides que tu increíble éxito en hacer consistentemente cada movimiento en el momento correcto en el mercado no es sino mi patético fracaso en hacer cada movimiento en el momento equivocado. Uno de nosotros, metafóricamente hablando, debe estar en el lado opuesto de cada operación. Toda una vida de experiencia en este negocio me hace profundamente escéptico a todas las formas de especulación, incluida la operar en el momento justo. No conozco a nadie que pueda hacerlo con éxito, ni a nadie que lo haya hecho en el pasado. Ni siquiera conozco a nadie que conozca a alguien que haya operado en el momento justo el mercado con resultados consistentes, exitosos y reproducibles.

Ya es bastante difícil tomar una sola decisión correctamente. Pero hay que acertar dos veces. Porque el acto de, por ejemplo, salir del mercado implica el acto de entrar más tarde, y a un nivel más favorable. ¿Pero cuándo, por favor? Tendrás que decírmelo. Y si las probabilidades de tomar la decisión correcta son, debido a los costes, incluso inferiores al 50-50, las probabilidades de tomar dos decisiones correctas son incluso inferiores a una de cada cuatro. Y las probabilidades de tomar, digamos, una docena de decisiones de *market timing* correctas —difícilmente excesivas para una estrategia que se base en ello— parecen condenadas al fracaso. A lo largo de, digamos, veinte años, apostar con esas probabilidades solo daría una oportunidad de ganar de cada 4.096 (incluso cuando ignoramos el impacto negativo de los costes de transacción que conlleva la aplicación de cada una de esas decisiones).

---

12. La prima de la renta variable es la cantidad en la que los rendimientos anuales de las acciones han superado —o se espera que superen— la tasa de rendimiento libre de riesgo (normalmente facturas del Tesoro de EE.UU. o bonos).

¿Una posibilidad entre 4.096? ¿Son buenas probabilidades para apostar? Basta con decir que Warren Buffett no lo cree así. A mediados de 2008, se informó de que había tomado el lado opuesto de una apuesta no del todo diferente. Apostó 320.000 dólares con Protégé Partners, una empresa que gestiona fondos de fondos de inversión libre, a que durante los diez años que terminan en 2017, los rendimientos del emblemático fondo del índice 500 de Vanguard superarían el rendimiento colectivo de los cinco (inevitablemente) fondos de inversión libre especulativos, con tiempo de mercado y de negociación seleccionados por los supuestos expertos de Protégé. Yo soy parcial, por supuesto, pero es una apuesta que incluso estaría encantado de hacer con mi propio dinero. (Gane quien gane, por cierto, el dinero del premio de ambas partes —un millón de dólares, incluidos los intereses ganados— se destinará a la beneficencia).

- Nota del editor: Buffett ganó la apuesta

Lograr el equilibrio

Por supuesto, nuestros mercados necesitan especuladores: empresarios financieros, comerciantes y operadores a corto plazo, personas que asumen riesgos y que buscan explotar las anomalías e imperfecciones del mercado para obtener una ventaja rentable. Igualmente, nuestros mercados necesitan inversores, conservadores financieros, propietarios de acciones a largo plazo que tienen en alta estima los valores tradicionales de prudencia, estabilidad, seguridad y solidez. Pero hay que encontrar un equilibrio y, a mi juicio, las poderosas y debilitantes turbulencias de hoy son uno de los precios que pagamos por permitir que ese equilibrio se nos vaya de las manos.

La mayoría de los temas del párrafo anterior aparecen en las brillantes memorias de 2001, *On Money and Markets (Sobre el dinero y los mercados)*, del economista e inversor Henry Kaufman, uno de los más sabios de la larga historia de Wall Street. Claramente, el Dr. Kaufman comparte mis preocupaciones, ya que expresa sus propios temores sobre la corporativización de Wall Street, la globalización de las finanzas, los límites del poder de los responsables políticos y la transformación de nuestros mercados. En su capítulo final, resume sus preocupaciones:

> *La confianza es la piedra angular de la mayoría de las relaciones en la vida. Las instituciones y los mercados financieros también deben basarse en la confianza… Sin restricciones, el espíritu empresarial financiero puede llegar a ser excesivo y perjudicial, lo que puede dar lugar a graves abusos y a la violación de las leyes básicas y la moral del sistema financiero. Estos abusos debilitan la estructura financiera de un país y socavan la confianza del público en la comunidad financiera… Solo mejorando la relación entre la innovación empresarial y los valores más tradicionales puede mejorar la relación entre los beneficios y los costes de nuestro sistema económico…. Los reguladores y los dirigentes de las instituciones financieras deben ser los más diligentes de todos.*

No podría estar más de acuerdo. De hecho, nuestra incapacidad para abordar antes estas cuestiones es lo que ha preparado el terreno para las crisis financieras actuales. Así que todos debemos estar preocupados por el triunfo momentáneo de la especulación a corto plazo en nuestros mercados financieros, de la que tenemos demasiada, a expensas de la inversión a largo plazo, de la que no tenemos suficiente. Pero depende de los participantes en el mercado actual, así como de los académicos y los reguladores, trabajar juntos para restablecer el equilibrio y devolver al conservadurismo financiero la preeminencia que le corresponde. De lo contrario, parafraseando la preocupación citada anteriormente en este capítulo que fue expresada por Lord Keynes hace tantos años, «los peligros a los que nos enfrentamos ahora que la empresa se ha convertido en una mera burbuja, en un torbellino de especulación, significa que el trabajo del capitalismo está siendo mal hecho».

Eso es lo que ha ocurrido, y nuestra sociedad no puede permitirse que continúe.

3

Demasiada complejidad, poca simplicidad

Para mí, la simplicidad siempre ha sido la clave para invertir con éxito, y la sabiduría consagrada de la navaja de Occam, expuesta por el filósofo y fraile Guillermo de Occam en el siglo XIV, me ha servido de mucho: «Cuando te encuentres con varias soluciones a un problema, elige la más sencilla.» [13] Mi carrera ha sido un monumento, no a la brillantez ni a la complejidad, sino al sentido común y a la sencillez, «la extraña capacidad», como ha dicho de mí un observador, «de reconocer lo obvio». (¡No estoy seguro de que fuera un cumplido!) Así que reconozcamos algunas de las cosas sencillas y hechos evidentes de nuestra complejísima vida financiera e inversora actual, empezando por el papel de la innovación.

Es difícil discutir el valor de la innovación en general. Nuestros ordenadores portátiles tienen probablemente suficiente capacidad de cálculo para enviar a un hombre a la Luna. Con sus diminutas versiones de bolsillo, podemos conectarnos al wi-fi en todo el mundo, mantenernos en contacto con nuestros hijos y tomar, enviar y almacenar fotografías. Internet ofrece un almacén infinito de información disponible bajo demanda. El comercio electrónico ha dado a los consumidores la ventaja de una competencia de precios

---

13. Occam expresó la navaja (o regla) de varias maneras en sus escritos. La versión más común se traduce del latín como: «La pluralidad nunca debe plantearse sin necesidad».

antes inimaginable. La tecnología médica (como mi trasplante de corazón) ha mejorado y alargado nuestra vida y su calidad. Pero en el sector financiero la innovación es diferente.

Porque aquí existe una fuerte dicotomía entre el valor de la innovación para la propia institución financiera y el valor de la innovación para sus clientes. Las instituciones financieras funcionan como una especie de navaja de Occam inversa. Tienen un gran incentivo para favorecer lo complejo y costoso frente a lo simple y barato, todo lo contrario de lo que la mayoría de los inversores necesitan y deberían desear.

La innovación en las finanzas está diseñada en gran medida para beneficiar a los que crean los nuevos y complejos productos, en lugar de a los que los poseen. Consideremos, por ejemplo, la producción de ingresos (y el aumento de costes) que se produce a lo largo de la cadena alimentaria de la creación de CDO (Collaterilized Debt Obligatinos), es decir obligaciones de deuda garantizadas, respaldadas por hipotecas. El agente hipotecario trae al prestatario y se lleva una comisión del banco.

El banco se lleva una comisión cuando tituliza la hipoteca; la agencia de calificación se lleva una comisión (estimada en 400.000 dólares) por cada valor que califica (normalmente, por supuesto, a cambio de la codiciada calificación AAA, sin la cual no se puede vender). El agente de bolsa se lleva una comisión cuando vende el valor a los clientes. Estos costes —por muy ocultos que estén— acaban siendo pagados por una combinación de la persona que pide prestado el dinero para comprar una casa y el inversor final que compra el CDO para una cartera de inversión. Los múltiples crupieres —todos esos intermediarios— se llevan la recompensa.

Con la insondable complejidad de estas y otras innovaciones financieras y el respaldo —y, yo diría, la complicidad— de nuestras agencias de calificación, esta prestidigitación financiera crea una versión moderna de la alquimia. Comienza con un paquete de plomo, digamos, cinco mil hipotecas con calificación B o BB, y quizás incluso algunas con calificación A. Entonces ese plomo se convierte milagrosamente en el oro, por así decirlo, de una CDO de quinientos millones de dólares con (en un caso típico) el 75 % de sus bonos con calificación AAA, el 12 % con calificación AA, el 4 % con calificación A y solo el 9 % con calificación BBB o inferior. (Pista: ahora sabemos que, a pesar del carácter reductor del riesgo de una diversificación tan amplia, el plomo sigue siendo plomo)[14]

Para los bancos, el atractivo de las CDO es elemental: les gusta recibir grandes comisiones por prestar dinero y, cuando pueden, sacar rápidamente los préstamos de sus propios libros y ponerlos en manos del público (lo que se denomina titularización o bursatilización); no puede sorprender que no se preocupen mucho por la solvencia de las familias para cuyas casas han concedido hipotecas.

Derivados: bailando al ritmo de la música

A pesar de lo novedosas, estas complejas CDO y los vehículos de inversión estructurada (SIV) —esencialmente fondos del mercado monetario que toman préstamos a corto plazo y prestan a largo plazo, por lo que carecen de la seguridad de los verdaderos fondos del mercado monetario— son solo la punta de lanza de un enorme crecimiento de estos complejos instrumentos financieros que han desbordado nuestros mercados financieros y han superado la capitalización y el volumen de negociación de las propias inversiones.

Al mismo tiempo, los mercados se han visto inundados por los llamados derivados, es decir, instrumentos cuyo valor se deriva de otros instrumentos financieros. (Recordemos nuestro anterior análisis de los futuros y opciones sobre el índice S&P 500.) A través de los intercambios (*swaps*) de tipos de interés y los swaps de incumplimiento crediticio (no pregunten) —que se negocian en todo el mundo en nanosegundos— estos derivados se utilizan

---

14. A mediados de 2008, *Grant's Interest Rate Observer* examinó uno de estos CDO. Su valor principal original era de 2.000 millones de dólares. Todas las series de bonos habían sido degradadas, y los bonos AAA tenían ahora la calificación B1 («especulativa, alto riesgo crediticio»). El valor estimado de toda la cartera se había desplomado en más de un 80 %, hasta los 362 millones de dólares.

para asumir riesgos, magnificarlos y (paradójicamente) cubrirlos. Sus volúmenes de negociación son asombrosos (aunque rara vez se revelan), y su dimensión es grotescamente desproporcionada con respecto a los instrumentos de los que se deriva su valor. (Las obligaciones crediticias sujetas a swaps de impago están valoradas en 2 billones de dólares; los propios swaps suman 62 billones de dólares). El valor nominal de todos los derivados es casi inimaginable: unos 600 billones de dólares, casi diez veces el producto bruto interno (PBI) de 66 billones de dólares de todo el mundo.

La innovación de los derivados ha enriquecido al sector financiero (y a las agencias de calificación) con sus enormes comisiones, aunque los sobrevalorados, por así decirlo, CDOs han causado estragos en los balances de quienes los compraron y ahora se han quedado con las manos en la masa, incluyendo sorprendentemente a los bancos y corredores que los crearon y vendieron. Dado que prácticamente todos los principales gestores de fondos de inversión gestionan también fondos de pensiones, su amplia aceptación de los CDO ha erosionado además los planes de jubilación de decenas de millones de ciudadanos.

Para no ser menos, los SIV también han causado estragos. Resulta que, para vender estos instrumentos a sus clientes, los bancos emiten cada vez más las llamadas opciones de liquidez a los compradores, garantizando de hecho la recompra de los SIV a la vista de su valor nominal. Resulta que Citigroup no solo tenía 55.000 millones de dólares en CDOs en sus libros, sino también unos 25.000 millones de dólares en activos SIV que podían ser (y luego lo fueron) «devueltos» al banco, un riesgo que no fue revelado públicamente por Citigroup hasta el 4 de noviembre de 2007.

Sorprendentemente, Robert Rubin, presidente del comité ejecutivo de Citigroup (y un hombre, se podría decir, de una perspicacia financiera nada despreciable), ha declarado que, hasta el verano de 2007, nunca había oído hablar de una opción de venta de liquidez. Esta confesión no es tan vergonzosa como el comentario del ex presidente Charles Prince cuando la tormenta de la crisis financiera estaba a punto de estallar: «Mientras la música siga sonando, hay que seguir bailando. Todavía estamos bailando». Uno solo puede preguntarse cuándo los altos cargos de la banca dejaron de mirar sus balances.

En los meses siguientes al deterioro de la situación crediticia de nuestros mayores bancos y bancos de inversión (y de muchos bancos más pequeños), la crisis se extendió a dos de nuestras GSE (empresas patrocinadas por el gobierno), conocidas como Fannie Mae y Freddie Mac. Juntas, han proporcionado unos 5 billones de dólares en préstamos hipotecarios a las familias estadounidenses, una parte esencial de la política nacional de fomento de la propiedad de la vivienda. Aunque sus carteras hipotecarias son de mucha mayor calidad que las de los CDO[15] alquimistas, estas empresas altamente apalancadas (digamos, cuarenta dólares de dinero prestado por cada dólar de activos), propiedad de los accionistas, dependen de los préstamos regulares en el mercado monetario.

Los temores sobre su solvencia (a pesar del apoyo implícito del gobierno federal) han llevado a un colapso de cerca del 80 % en sus precios de las acciones. Ante la crisis crediticia generada, en parte, por las fuertes ejecuciones hipotecarias en todo el país, el Tesoro estadounidense no ha tenido más remedio que afirmar de forma definitiva su respaldo a estas GSE.[16] Sin embargo, esta cuestión va mucho más allá del crédito. Plantea la profunda cuestión política de si es sensato o deseable —o, en última instancia, incluso posible— privatizar las sustanciales recompensas obtenidas en los préstamos hipotecarios (sus accionistas ganaron miles de millones; sus ejecutivos recibieron fortunas en compensación), al mismo tiempo que socializamos los riesgos (los contribuyentes pagan la cuenta). En términos más generales, ¿por qué debería nuestro gobierno utilizar el dinero de los contribuyentes para poner a salvo a empresas ineficientes y de gestión deficiente? Sin duda, eso está muy lejos del tipo de capitalismo previsto por el economista Joseph Schumpeter.

---

15. Del inglés *collateralized debt obligation*. Es un producto financiero respaldado por otros préstamos y activos que se vende a inversores institucionales.

16. Incluso este respaldo resultó insuficiente para aliviar la gran presión financiera de estas dos empresas. Así que, en septiembre de 2008, el Departamento del Tesoro de EE.UU. las colocó en un régimen de conservación federal.

Los vendedores ganan, los inversores pierden

Dado que se puede ganar dinero — y mucho— en la creación y comercialización de innovaciones inevitablemente complejas, es una enfermedad contagiosa. Los CDOs y sus cientos de innovaciones de los fondos de inversión en acciones y bonos tienen su reflejo en la avalancha de innovaciones en el sector bancario. Últimamente, estas innovaciones en los fondos, que contradicen la simplicidad, parecen estar diseñadas para responder de forma más general a la expectativa de que los rendimientos de los fondos de acciones y bonos durante la próxima década estarán por debajo de las normas históricas, y muy por detrás de las normas idílicas de los años ochenta y noventa, cuando los rendimientos anuales de las acciones promediaban el 17 % y los de los bonos el 9 %.

¿Quién no querría recuperar esos días? Nunca lo hemos tenido tan bien, ni antes ni después. Pero sabemos (dentro de un margen de tolerancia razonablemente estrecho) qué rendimientos cabe esperar de carteras sencillas y ampliamente diversificadas de acciones y bonos durante la próxima década (probablemente un 7 % y un 5 %, respectivamente). Así que no tenemos más remedio que confiar en unas expectativas razonables, formadas sobre la base de las fuentes conocidas de los rendimientos de las acciones (el rendimiento inicial de los dividendos más la posterior tasa de crecimiento de los beneficios) y los rendimientos de los bonos (el tipo de interés inicial).¿Qué explica entonces nuestras expectativas (o nuestras esperanzas) de que podemos adivinar los mercados y añadir rendimientos adicionales seleccionando estrategias complejas o gestores que mantienen subconjuntos óptimos de la cartera de mercado? El Dr. Samuel Johnson respondería: «Es el triunfo de la esperanza sobre la experiencia». Sin embargo, ¿qué resulta de todo este ajetreo de innovación en los fondos, aparte de una plétora de comisiones de gestión y asesoramiento y de transacción? Inevitablemente, nos quedamos con una cierta melancolía sobre los objetivos de los que proporcionan estos servicios de intermediación. Deben ser muy conscientes de que la mayoría de los inversores han sido mal atendidos por la innovación, y que estarían mejor atendidos por el tipo de estrategia simple y directa de índice de todos los mercados que fue pionera en Vanguard. De hecho, cuando dejó las riendas del Magellan Fund de Fidelity en 1990, incluso el notable Peter Lynch declaró: «La mayoría de los inversores estarían mejor en un fondo indexado» ¡Y tenía razón!

«No te quedes ahí. Haz algo».

Pero en las finanzas tenemos negocios que dirigir. Por desgracia para nuestros inversores, existe una gran presión para dar forma y responder a las percepciones a corto plazo de nuestros clientes, un hecho que, para bien o para mal, rige al menos con la misma fuerza en la comercialización de productos financieros que en la de productos de consumo como automóviles, perfumes, pasta de dientes y joyas. Pero, necesariamente, todo este intercambio de papel financiero conlleva un coste que perjudica a los inversores.

Como señaló Benjamin Graham en septiembre de 1976 —casualmente, solo unos instantes después de que se lanzara el primer fondo indexado— «el mercado de valores se parece a una enorme lavandería en la que los inversores llevan parte de la ropa de los demás, hoy en día hasta treinta millones de acciones al día». (No podía imaginar la especulación actual: más de tres mil millones de acciones al día). Eso es un montón de ropa mezclada, un reflejo del eterno consejo de Wall Street a sus clientes: «No te quedes ahí parado. Haz algo».

De ahí, la propuesta inversa, «No hagas nada. Quédate ahí», mientras que la estrategia inevitable de todos los grupos inversores —piensa en ello, por favor— no solo es contraria a las emociones que juegan en la mente de prácticamente todos nosotros, los inversores individuales, sino que también sería contraria a la riqueza de aquellos que comercializan y que gestionan carteras de valores. Mientras que la industria, de forma poco ingenua, argumenta que los inversores deberían ignorar la indexación en favor de fondos diseñados para servir a objetivos y necesidades individuales, Ben Graham también tenía una opinión al respecto: «es solo un cliché conveniente o una coartada para justificar el mediocre historial del inversor».

Fondos de inversión: bajando el listón

A veces, el interés público exige introspección, por lo que más adelante analizaré con mayor detenimiento cómo el sector en el que he pasado mi vida ha incumplido algunas de sus obligaciones más básicas de administración para con sus accionistas, sus propietarios, para consigo mismo y para con su propia historia, y cómo puede volver a encontrar el camino correcto. Por ahora, permíteme decir que la industria ha tenido su propia carrera loca por la innovación, desde los fondos de renta global a corto plazo y los fondos hipotecarios de tasa ajustable de los años 80, hasta los fondos de bonos de «ultracorto plazo» y alto rendimiento de 2007 (que en la crisis de 2008 se convirtieron en otro de los abyectos fracasos del sector).

La creación de cientos de fondos tecnológicos, de telecomunicaciones, de Internet y otros similares para aprovechar la Era de la Información durante la locura de la Nueva Economía de 1998-2000 es un ejemplo más de innovación compleja desbocada. Cuando el mercado se disparó, los inversores de fondos invirtieron cientos de miles de millones de dólares en estos fondos tan promocionados, solo para recibir un gran golpe en la caída posterior.

En realidad, podemos medir cuánto costó a nuestros inversores esa adopción generalizada de la innovación en los fondos. Comparemos los rendimientos declarados por los propios fondos (rendimientos ponderados en el tiempo) con los rendimientos realmente obtenidos por los inversores de los fondos (rendimientos ponderados en dólares) durante los veinticinco años que terminaron en 2005. El fondo de renta variable medio registró una tasa de rendimiento anual del 10 % durante el periodo — siguiendo el 12,3 % de rentabilidad en un fondo del índice S&P 500—. Pero el rendimiento que realmente obtuvieron los inversores en estos fondos fue 7,3 %, una disminución de 2,7 puntos porcentuales por año por debajo de la rentabilidad que los propios fondos declararon.

Por lo tanto, los inversores de los fondos solo experimentaron un aumento medio del 482 % de su capital durante el periodo, mientras que, simplemente comprando y manteniendo la cartera de mercado a través de un fondo indexado, habrían obtenido un aumento del capital del 1718 %, ¡casi cuatro veces más! Gracias a la innovación y la creatividad de los patrocinadores de los fondos —y seguramente a la codicia (o a la necesidad percibida) de los inversores de los fondos— el rendimiento que los inversores de los fondos de inversión recibieron por su capital duramente ganado fue menos de un tercio del rendimiento ofrecido por el propio mercado de valores. Para los fondos convencionales, las pérdidas fueron mucho menores; para sus primos de la Nueva Economía, las pérdidas fueron asombrosas. ¡Todo sea por el bienestar del inversor!

En cuanto al bienestar de los gestores, podemos estimar de forma conservadora que las comisiones y cargas de venta pagadas a los gestores y distribuidores de fondos durante este periodo ascendieron a un total de 500.000 millones de dólares. Así que sí, alguien está obteniendo enormes beneficios al subirse al carro de la innovación, pero a menos que tú seas un gestor o distribuidor de fondos, no es probable que ese alguien seas tú.

A veces para bien, pero casi siempre para mal

En medio de esta ola de complejidad, ¿hemos olvidado el hecho de que la inversión más productiva es la más sencilla, la más pacífica, la de menor coste, la más eficiente desde el punto de vista fiscal, es decir, la que se realiza con las estrategias más coherentes y a más largo plazo? Parece que sí. Y me temo que las nuevas variantes (en su mayoría fondos cotizados ETF) del simple fondo indexado que engendré hace tantos años están ayudando a liderar el camino. No es de extrañar que algunas mañanas me despierte sintiéndome como el Dr. Frankenstein. ¿Qué monstruo he creado?

Permíteme ser claro: estoy a favor de la innovación cuando sirve a los inversores de fondos. Y me complace haber tenido la suerte de haber desempeñado un papel clave en una serie de innovaciones de este tipo en el pasado: el fondo indexado de acciones; el fondo indexado de bonos; el fondo de bonos de vencimiento definido; el fondo gestionado por impuestos, e incluso el primer fondo de fondos (y Vanguard es la única empresa, creo, que nunca ha impuesto una capa adicional de ratios de gastos en tales fondos).

En los últimos años, ha habido otras innovaciones favorables para el inversor, como los fondos de jubilación con objetivo y los fondos de estrategia de vida. Si se utilizan correctamente (y si se cuidan los costes), estos fondos pueden servir fácilmente como programa de inversión completo para un inversor a largo plazo. Pero en la actual ola de innovación de fondos, veo poco más que pueda servir a los inversores de forma eficaz. Permíteme hacer un breve esbozo de los «productos» (según mis criterios, la forma incorrecta de pensar en los fondos de inversión) que se han creado últimamente, y ofrecer mis propias perspectivas.

Fondos cotizados en bolsa ETF

Los fondos cotizados (ETF) [17] son claramente la innovación más aceptada de esta época. Por supuesto, admiro que compatan el concepto de los fondos indexados, y (en general) en sus bajos costes— suelen ser una buena noticia. ¿Y cómo no admirar el uso de ETFs de índices de mercados amplios que se mantienen a largo plazo, e incluso ETFs de segmentos de mercados amplios que se utilizan en cantidades limitadas para lograr objetivos específicos? Pero tengo serias dudas sobre la negociación desenfrenada de la mayoría de los ETF y el impacto negativo de esas capas de comisiones de corretaje.

Además, me pregunto por qué solo 21 de los 817 ETF actuales cumplen el requisito clásico de la más amplia diversificación posible en acciones estadounidenses o mundiales, y 739 de los ETF restantes invierten en sectores del mercado de renta variable que van de lo razonable a lo absurdo. (Los 57 restantes son ETFs basados en varios índices de bonos). En esta última categoría incluiría sectores tan estrechos como el «Cáncer Emergente» y fondos apalancados que prometen duplicar los rendimientos del mercado tanto en mercados

---

17. Del inglés: Exchange Traded Funds

alcistas como bajistas. Para no quedarse atrás, unos cuantos ETF ofrecen ahora la oportunidad de triplicar esas oscilaciones. ¿Podría ser que lo siguiente sea el cuádruple?

Dicho de otro modo, los ETFs utilizados para invertir son perfectamente sólidos, pero utilizarlos para especular puede acabar mal para los inversores. En 2005, a sus noventa y un años, el premio Nobel de Economía Paul Samuelson calificó el primer fondo de inversión indexado como el equivalente a la invención de la rueda y el alfabeto. (Quizás no era objetivo: sus participaciones en ese fondo, el Vanguard 500 Index Fund, ayudaron a pagar la educación de los seis hijos del Dr. Samuelson y de sus quince nietos). Nunca ha dicho nada comparable sobre los ETFs, y sospecho que nadie de la misma talla lo hará.

Indexación fundamental

Si bien este método de inversión en valor basado en índices se ha presentado como una especie de revolución copernicana, la idea en la que se basa esta metodología tiene muchas décadas de antigüedad. Pero ofrecer estos fondos en forma de ETF sugiere que son útiles para el comercio a corto plazo, una propuesta dudosa a primera vista. Y el hecho de sacarlos a la luz solo después de la fuerte subida de los rendimientos relativos de los fondos de valor durante el colapso del mercado bursátil de 2000-2002 sugiere la motivación de marketing que tan bien saben hacer los patrocinadores, a pesar de que casi siempre conduce a una persecución del rendimiento que no sirve a los inversores.

Por supuesto, los patrocinadores de estos fondos de índice de dudosa reputación nos han asegurado que «la inversión en valor es ganadora» (no «que ha ganado en el pasado»), especialmente en los mercados con problemas. Pero en la fuerte caída del mercado de mediados de 2007 a mediados de 2008, los dos principales fondos de índices fundamentales bajaron casi un 20 %, una pérdida casi un 50 % más grande que la caída del 13 % de un fondo estándar del índice S&P 500. En cuanto a los empresarios financieros que creen en la ponderación de las carteras en función de los valores contables, los ingresos y los beneficios, y los que creen en la ponderación de las carteras en función de los dividendos, me interesa leer que ahora están discutiendo entre ellos sobre cuál es la estrategia correcta, creando aún más confusión para los inversores.

Fondos de retorno absoluto

Teniendo en cuenta los éxitos realmente notables de algunos de los fondos de dotación de las universidades más grandes del país y de algunos de nuestros fondos de cobertura más especulativos, no es de extrañar que los patrocinadores de los fondos se lancen a crear nuevos fondos con estrategias supuestamente similares: cobertura (fondos que están largos en un 130 % en acciones y cortos en un 30 %), neutralidad de mercado (fondos sin exposición neta a la renta variable), materias primas, supuestos equivalentes de capital privado/de riesgo, etc. He aquí dos consejos: uno, mira antes de saltar; dos, no saltes hasta que el fondo haya presentado un historial real de diez años. Sobre todo, recuerda (de nuevo, por cortesía de Warren Buffett): «Lo que hace el sabio al principio, lo hace el tonto al final». O, como lo expresa el Oráculo de Omaha en algunas ocasiones: «Hay tres yos en cada ciclo: primero el innovador, luego el imitador y finalmente el idiota». No importa lo que ofrezcan los gestores de fondos, no seas el idiota.

Fondos de materias primas

Primeros principios: las materias primas no tienen una tasa de rendimiento interna. Sus precios se basan exclusivamente en la oferta y la demanda. Por eso se consideran especulaciones, y de alto nivel. Por el contrario, los precios de las acciones y los bonos solo se justifican en última instancia por su tasa interna de rendimiento, compuesta, respectivamente, por los dividendos y el crecimiento de los beneficios y por los cupones de intereses. Por eso las acciones y los bonos se consideran inversiones. Concedo libremente que la creciente demanda mundial que ha contribuido a impulsar la enorme subida de los precios de la mayoría de las materias primas en los últimos años puede continuar. Pero puede que no. No estoy en absoluto seguro de que la especulación sobre futuras subidas de precios se vea recompensada.[18]

Fondos gestionados de pago

Al parecer, el sector de los fondos acaba de descubrir que millones de inversores están pasando de la fase de acumulación a la fase de distribución (a pesar de que la escritura demográfica lleva décadas en la pared). Así que tenemos nuevos fondos que, en efecto, garantizan el agotamiento de sus activos en cualquier período de tiempo que tú elijas (¡algo que siempre ha sido muy fácil de lograr!). También tenemos fondos diseñados para distribuir el 3 %, el 5 % o el 7 % de sus activos sin tocar necesariamente el capital. Solo el tiempo dirá si esto ocurre, pero lo que parece haber sido ignorado por la industria de fondos, por razones obvias, es la alternativa: servir a los inversores jubilados aumentando los ingresos de las inversiones de los fondos, el hombre olvidado de la industria de fondos. Sin embargo, la única forma sólida de proporcionar más ingresos por unidad de riesgo es reducir drásticamente los gastos de los fondos, por lo que es poco probable que se produzca esta innovación centrada en el cliente.

Fondos de Brasil, Rusia, India y China (BRIC) y fondos internacionales

No cabe duda de que los rendimientos de Brasil, Rusia, India y China se han disparado en en la década del 2000, y los promotores de fondos se han apresurado a comercializarlos. Mi larga experiencia me advierte de que es muy contraproducente que los inversores se suban al carro de la rentabilidad superior

---

18. Dato interesante: desde el Gran Incendio de Londres, en 1666, hasta el final de la Primera Guerra Mundial, en 1918, los precios de los productos básicos en Inglaterra no variaron en general.

del pasado. Por supuesto, las fuertes caídas (entre el 30 % y el 50 % en el primer semestre de 2008) que han sufrido al menos India y China aplastarán el apetito de los inversores por ellas.

La historia nos dice que cuando los rendimientos de las acciones de Estados Unidos lideran el mundo, los flujos de capital de los fondos de renta variable hacia los mercados internacionales disminuyen; y luego se disparan cuando las emisiones no estadounidenses lideran. No es de extrañar, por tanto, que solo el 20 % de los flujos de efectivo de los fondos de renta variable se dirigieran a fondos no estadounidenses en el periodo 1990-2000, cuando las acciones estadounidenses superaban ampliamente las emisiones extranjeras. Tampoco es sorprendente que, desde entonces, con las acciones extranjeras superando a las emisiones estadounidenses, se hayan invertido las tornas. (En 2007 se invirtieron 220.000 millones de dólares en fondos extranjeros, y solo unos 11.000 millones en fondos de renta variable nacional. Eso sí que es una bandera roja). Pero en los sectores más populares de los mercados internacionales, el riesgo es alto, así que hay que tener cuidado. (También hay que tener en cuenta que, desde 1990, los rendimientos de las acciones no estadounidenses —incluso con su reciente auge— se han visto empequeñecidos por los rendimientos de las acciones estadounidenses: un 6 % anual frente a un 10 %).

El desatino de la innovación

Ningún veterano objetivo del sector puede contemplar este desatino de la innovación con otros ojos que no sean los del asombro. El problema no es solo que los rendimientos futuros obtenidos con estrategias no probadas y a menudo costosas son imprevisibles y rara vez cumplen sus promesas hiperbólicas. El problema es que tal proliferación de fondos idiosincrásicos que ignoran el valor de la simplicidad resulta inevitablemente en una tasa de fracaso de los fondos que, aunque rara vez se publique, es poco menos que asombrosa. En un libro anterior, escribí que de los 355 fondos que existían en 1970, solo 132 sobrevivieron a los 35 años siguientes.

En los últimos años, de los 6.126 fondos de inversión que existían a principios de 2001, 3.165 ya habían sido condenados al basurero de la historia a mediados de 2008. No es de extrañar que ni siquiera los gestores de cartera que dirigen los fondos «se coman su propia cocina». De los 4.356 fondos de renta variable, 2.314 gestores no poseen ninguna participación, ninguna, en los fondos que gestionan. ¿Cómo puede un inversor poco informado aplicar con éxito una estrategia a largo plazo con fondos de inversión, si solo la mitad de los fondos pueden superar un periodo tan corto como siete años? ¿Y cómo pueden los inversores de fondos tener alguna fe en los fondos que existen ahora cuando más de la mitad de sus gestores no ponen en juego su propio dinero?

De hecho, está claro que los inversores de fondos ya no tienen mucha fe en sus fondos de inversión. Una encuesta realizada entre los inversores de fondos para una importante gestora de fondos (no Vanguard) reveló que el 71 % de los inversores no confía en el sector de los fondos. Un 66 % dijo que las empresas de fondos no se responsabilizan de proteger el bienestar de sus accionistas. E incluso en un sector financiero tan problemático, los fondos de inversión ocupan el último lugar en la lista de proveedores de servicios de confianza.

Volver a lo básico

Así que anótame como un creyente en la innovación que se basa en la claridad, la coherencia y la previsibilidad en relación con el mercado, y el bajo coste; una innovación que sirva a los inversores a largo plazo; una innovación que ofrezca una oportunidad óptima de que funcione mañana en lugar de una innovación basada en lo que funcionó ayer, una innovación que no solo minimice los riesgos de la propiedad sino que explique claramente la naturaleza y el alcance de esos riesgos.

Anótame también como adversario de la complejidad, la complejidad que ofusca y confunde, la complejidad que viene de la mano de los costes que sirven a sus creadores y comercializadores, incluso cuando esos costes frustran la remota posibilidad de que una infrecuente idea sólida sirva a los inversores que la poseen.

Si parece que estoy reafirmando mi creencia en los fondos indexados —tanto en su forma de acciones como de bonos— y en ideas como los fondos gestionados por impuestos, los fondos de bonos de vencimiento definido y los fondos de fecha objetivo (todos los cuales, en su mejor momento, tienen como núcleo a los fondos indexados), pues me has leído bien. Al igual que Guillermo de Occam, creo que la manera más sencilla es la mejor, casi siempre el camino más corto hacia el éxito de la inversión a largo plazo.

Anótame también como un fundamentalista de los índices (¡aunque no un fundamentalista de los índices fundamentales!), un apasionado creyente de que la simplicidad del diseño original de los fondos indexados—carteras altamente diversificadas de acciones ponderadas por sus capitalizaciones de mercado— sigue representando el estándar de oro para los inversores. Si eso es cierto, entonces otros productos complejos de moda están degradados por toda esa alquimia.

Como hemos visto antes, muchos lo han intentado, pero nadie ha hecho todavía oro del plomo. De hecho, todos estos años después, todavía me cuesta desarrollar alguna metodología (aparte de los costes relativos) para identificar por adelantado las estrategias ganadoras o los fondos ganadores, y para predecir con éxito cuánto tiempo persistirán esas estrategias ganadoras o cuánto tiempo seguirán esos gestores de portfolio gestionando los fondos que han proporcionado esos rendimientos superiores en el pasado.

Un resultado demasiado predecible

A estas alturas, supongo que me he arrinconado como un viejo defensor de los fondos mutuos que se siente poco inspirado —y poco impresionado— por el aumento de la complejidad (y el exceso de costes) a expensas de la simplicidad (y el coste mínimo). Pero es un gran rincón.

Afortunadamente para mi tranquilidad, y mi conciencia, encuentro que casi todas las posiciones que he expuesto en este capítulo han sido respaldadas por algunos de los académicos más informados y respetados de nuestro tiempo —entre ellos, los premios Nobel William Sharpe y Paul Samuelson (que pronto tendrá noventa y cinco años de sabiduría en su haber) — y por los inversores más exitosos de la era moderna, empezando por el propio Warren Buffett. Me complace dejar que David Swensen, el brillante director de inversiones del Yale University Endowment, un hombre con un carácter impecable y una reputación inigualable de integridad intelectual, hable en nombre de estos intelectuales merecidamente alabados, y también en el mío:

El fallo fundamental del mercado en el sector de los fondos comunes de inversión tiene que ver con la interacción entre los sofisticados proveedores de servicios financieros que buscan beneficios y los ingenuos consumidores de productos de inversión que buscan rentabilidad. El afán de lucro de Wall Street y del sector de los fondos de inversión supera el concepto de responsabilidad fiduciaria, lo que conduce a un resultado demasiado predecible...

El sector de los fondos de inversión no cumple sistemáticamente el objetivo básico de la gestión activa de ofrecer una rentabilidad superior a la del mercado... Un estudio académico bien construido, de forma conservadora, sitúa la tasa de fracaso antes de impuestos entre el 78 % y el 95 % para periodos que van de diez a veinte años [medidos con el fondo índice Vanguard S&P 500]...

Los inversores obtienen mejores resultados con los fondos gestionados por organizaciones sin ánimo de lucro porque la empresa gestora se centra exclusivamente en servir a los intereses de los inversores. Ningún motivo de lucro entra en conflicto con la responsabilidad fiduciaria del gestor. Ningún margen de beneficio interfiere en la rentabilidad del inversor. Ningún interés corporativo externo entra en conflicto con las opciones de gestión de la cartera. Las empresas sin ánimo de lucro ponen el interés del inversor en primer plano. En última instancia, un fondo indexado pasivo gestionado por una organización de gestión de inversiones sin ánimo de lucro representa la combinación que más probablemente satisfaga las aspiraciones de los inversores... Dentro de la enorme amplitud y complejidad del mundo de los fondos comunes de inversión, la solución preferida por los inversores se caracteriza por su gran sencillez.

En una palabra, amén.

El acertado tributo de Swensen a una estrategia despejada y centrada en el cliente, combinada con una estructura sencilla centrada en el cliente, sirve como profunda reafirmación del hecho de que nuestro sistema financiero actual tiene bastante complejidad e innovación —con sus costes groseramente excesivos— y no suficiente simplicidad, con su mínima dilución de las ganancias de los inversores.

NEGOCIO

4

Demasiada contabilidad, poca confianza

Albert Einstein no tenía parangón como físico teórico (salvo, quizás, Sir Isaac Newton). Probablemente, ningún ser humano en la historia hizo más por cuantificar los misterios aparentemente insondables del universo. Pero no le gustaban tanto las matemáticas, y decía: «No te preocupes por tus dificultades en matemáticas. Te aseguro que las mías siguen siendo mayores».

De hecho, Einstein comprendía muy bien los límites de la cuantificación y los defectos inherentes a la idea de que el conteo por sí solo podía hacer avanzar nuestra comprensión del funcionamiento del mundo. Un cartel que colgaba en su despacho del Instituto de Estudios Avanzados de Princeton, Nueva Jersey, es tan aplicable a todas las demás actividades humanas como a la ciencia:

«No todo lo que cuenta puede ser contado, y no todo lo que puede ser contado cuenta.»

Esta regla también se aplica a los asuntos comerciales. Por supuesto, como padre de la relatividad, Einstein tiene que ser tomado en términos relativos. Ninguna empresa puede confiar en todo y no contabilizar nada. Tampoco puede ninguna empresa contabilizar todo y no confiar nada. Es una cuestión de equilibrio, aunque mis propios instintos me llevan a confiar mucho menos en el recuento y mucho más en la confianza. Las estadísticas —en cuadros, gráficos y tablas— pueden utilizarse para demostrar casi todo en los negocios, pero los valores no cuantificables tienen una forma de mantenerse firmes como una roca.

Durante mi segundo año en la Universidad de Princeton, en 1948, esa lección empezó a calar en mi cerebro. Allí comenzó mi interés por la economía con el estudio de la primera edición de *Paul Samuelson's Economics: An Introductory Analysis* de Paul Samuelson. En aquella época, la economía era muy conceptual y tradicional. Nuestro estudio abarcaba tanto la teoría económica como los filósofos mundanos del siglo XVIII en adelante: Adam Smith, John Stuart Mill, John Maynard Keynes y otros. El análisis cuantitativo brillaba, según los estándares actuales, por su ausencia. Recuerdo que el cálculo ni siquiera era un prerrequisito del departamento. («*Quants*», por supuesto— esos estrategas cuantitativos que han inundado el mercado financiero en las últimas décadas y cuya trayectoria en la reciente caída del mercado ha sido tan errática— no había entrado todavía en el sector).

No sé si atribuir o culpar a la calculadora electrónica original por inaugurar el cambio radical en el estudio del funcionamiento de las economías y los mercados. Pero con la llegada de los potentísimos ordenadores personales y el inicio de la Era de la Información, los números están hoy en día dirigiendo la economía. El excelente consejo de Einstein parece haberse olvidado en gran medida. Si no se puede contar, parece que no importa.

No estoy de acuerdo con ese silogismo. De hecho, creo firmemente que suponer que lo que no se puede medir no es muy importante equivale a la ceguera. Pero antes de hablar de los escollos de la medición, por no hablar de intentar medir lo inconmensurable —cosas como la confianza, la sabiduría, el carácter, los valores éticos y los corazones y las almas de los seres humanos que desempeñan el papel central en toda la actividad económica—, quiero hablar de las falacias de algunas de las mediciones populares del momento y de los escollos creados para los inversores y la sociedad contemporánea por el gobierno, las finanzas y las empresas.

Hoy en día, en nuestra sociedad, en la economía y en las finanzas, confiamos demasiado en los números. Los números no son la realidad. En el mejor de los casos, son un pálido reflejo de la realidad. En el peor, son una burda distorsión de las verdades que pretendemos medir. Pero el daño no termina ahí. No solo confiamos demasiado en la economía histórica y los datos de mercado; nuestro sesgo optimista también nos lleva a malinterpretar los datos y a darles una credibilidad que rara vez merecen. Al rendir culto al altar de los números y al descontar lo inconmensurable, hemos creado una economía numérica que puede socavar fácilmente la economía real.

Gobierno: hacer cuadrar los números

Muchas de las cifras con las que no podemos contar, paradójicamente, son generadas por nuestro gobierno federal. Como señaló Kevin Phillips en su ensayo *Numbers Racket*, publicado en el número de mayo de 2008 de la revista *Harper's*, los datos del gobierno nos engañan enormemente, incluidas las cifras vitales que se han convertido en el centro de nuestro diálogo nacional, como nuestra producción nacional o producto bruto interno (PBI), nuestra tasa de desempleo y nuestra tasa de inflación.

- Resulta que nuestro PBI incluye los llamados ingresos imputados, como el valor supuesto de los ingresos por vivir en nuestras propias casas, los beneficios de las cuentas de cheques gratuitos y el valor de las primas de seguros pagadas por los empleadores. Estos ingresos fantasma representan 1,8 billones de dólares (¡!) de nuestro PBI de catorce billones de dólares.
- La Oficina de Estadísticas Laborales informa con orgullo de que nuestra tasa de desempleo a mediados de 2008 es un relativamente bajo 5,2 % (aunque ha subido desde el 5 % de principios de año). Pero el número de desempleados excluye a los trabajadores demasiado desanimados para buscar un empleo, a los trabajadores a tiempo parcial que

buscan un empleo a tiempo completo, a los que quieren un empleo pero no lo buscan activamente y a los que viven de las prestaciones de discapacidad de la Seguridad Social. Si incluimos a estos desempleados, la tasa de paro casi se duplica, hasta el 9 %.

- Las subestimaciones en el índice de precios al consumo (IPC) son aún más atroces. Hace años, el coste de la vida se modificó para incluir el «alquiler equivalente al del propietario», lo que redujo drásticamente la tasa de inflación declarada durante el reciente boom inmobiliario. También se incorporó el concepto de sustitución de productos, lo que significa esencialmente que si la hamburguesa de primera calidad es demasiado cara, la sustituimos por otra más barata. Y (¡esto es realmente cierto!) no contamos los aumentos de costes atribuibles a una mayor calidad («ajustes hedónicos»). Es decir, si las tarifas aéreas se duplican pero el servicio de transporte aéreo se considera dos veces más eficiente, el coste calculado del transporte aéreo no cambia.

Finanzas: atribuir certeza a la historia

La contabilidad que hacemos en el campo de la inversión también es muy defectuoso. La noción de que las acciones comunes son aceptables como inversiones —en lugar de meros instrumentos especulativos— se dice que comenzó en 1925 con la obra de Edgar Lawrence Smith *Common Stocks as Long-Term Investments*. Su encarnación más reciente se produjo en 1994, en *Stocks for the Long Run*, de Jeremy Siegel. Ambos libros defienden sin reparos las acciones y, posiblemente, ambos contribuyeron a alimentar los grandes mercados alcistas que les siguieron. Ambos, por supuesto, fueron seguidos, quizás inevitablemente, por dos de los peores mercados bajistas de los últimos cien años.

Ambos libros también estaban repletos de datos, pero los datos aparentemente infinitos presentados en el tomo de Siegel, un producto de esta era de la informática, avergüenzan a su predecesor. Siegel estableció claramente que, a lo largo de dos siglos de historia, el rendimiento real de las acciones estadounidenses se ha centrado en torno al 7 % anual (alrededor del 10 % en términos nominales, antes de la erosión de la inflación, que ha sido de una media del 3 %).

Pero no es la impresionante información impartida en *Stocks for the Long Run* lo que me preocupa. ¿Quién puede estar en contra del conocimiento? Como nos recordaba Sir Francis Bacon, «el conocimiento es poder». Lo que me preocupa es que demasiados de nosotros hacemos la suposición implícita de que la historia del mercado de valores se repite cuando sabemos, en el fondo, que el único prisma válido a través del cual ver el futuro del mercado es el que tiene en cuenta no la historia, sino las fuentes de los rendimientos de las acciones, analizadas en el capítulo dos.

Los expertos se equivocan... de nuevo

El hecho de que los expertos se equivoquen con tanta frecuencia parece una verdad tan evidente que uno podría preguntarse quién es exactamente tan insensato como para proyectar los rendimientos futuros con las tasas históricas del pasado. Sin embargo, los bosques están llenos de asesores y analistas expertos en inversiones que hacen exactamente eso. Fíjate en la modesta popularidad de las llamadas simulaciones de Montecarlo. El problema de estas simulaciones —que básicamente calculan los rendimientos mensuales de las acciones, los meten en una batidora y arrojan la aparentemente infinita serie de permutaciones y combinaciones en forma de probabilidades— es que, al basarse simplemente en los rendimientos totales históricos para sus cifras, ignoran las fuentes de esos rendimientos.

Sí, los rendimientos especulativos, que se basan en los cambios en el número de dólares que los inversores están dispuestos a pagar por cada dólar de beneficios empresariales —la relación precio-beneficio (P/B)— tienden a volver a la norma a largo plazo de cero. Sí, el crecimiento de los beneficios empresariales tiende a paralizar la tasa de crecimiento nominal de nuestra economía. (Pero no, la contribución de la rentabilidad de los dividendos a los rendimientos depende, no de las normas históricas, sino de la rentabilidad de los dividendos que existe realmente en el momento de la proyección de los rendimientos futuros). Con la rentabilidad de los dividendos en 2,3 % en julio de 2008, ¿de qué sirven las estadísticas históricas que reflejan una rentabilidad de los dividendos del 5 % de media, es decir, más del doble de la actual? (Respuesta: no sirven). Por lo tanto, las expectativas razonables de los futuros rendimientos reales de las acciones a partir de mediados de 2008 deberían centrarse en el 5 %, y no en la norma histórica del 7 %. ¿Qué puede ser más elemental que eso? Pero ese suele ser el problema de los cálculos complejos: no se puede confiar en que transmitan verdades sencillas.

Incluso los sofisticados ejecutivos de las empresas y sus consultores de pensiones siguen el mismo camino erróneo. De hecho, un típico informe anual de una empresa afirmaba expresamente que «nuestra hipótesis de rentabilidad de los activos se deriva de un estudio detallado realizado por nuestros actuarios y nuestro grupo de gestión de activos, y se basa en las rentabilidades históricas a largo plazo». Sorprendentemente, pero de forma natural, esta política lleva a las empresas a aumentar sus expectativas futuras con cada aumento de los rendimientos pasados, precisamente lo contrario de lo que la razón sugiere.

Al principio del mercado alcista de principios de los años 80, por ejemplo, las principales empresas partían de la base de que los activos de las pensiones, tanto los bonos como las acciones, tendrían un rendimiento futuro del 7 %. En el punto álgido del mercado a principios de 2000, casi todas las empresas habían aumentado considerablemente sus hipótesis, algunas hasta el 10 % o incluso más. Dado que las carteras de pensiones están equilibradas entre acciones y bonos, habían aumentado implícitamente el rendimiento anual esperado de las acciones en la cartera hasta el 15 %, incluso cuando el mercado bajista que siguió haría que esa suposición pareciera una mala broma.

Si esos responsables financieros de las empresas hubieran apagado sus ordenadores (y dejado de lado su inherente interés en minimizar las aportaciones a esos planes de pensiones) y hubieran leído a John Maynard Keynes en su lugar, habrían sabido lo que los números nunca les iban a decir: que la burbuja creada por todas las emociones que habían alimentado el *boom* —optimismo, exuberancia, codicia, todo ello envuelto en la emoción del cambio de milenio, la fantástica promesa de la Era de la Información y la Nueva Economía— tenía que explotar. Y así fue, por supuesto, a finales de marzo de 2000, en el mismo momento en que esas halagüeñas previsiones de crecimiento del 10 % se publicaban en los brillantes informes anuales.

Evidentemente, los inversores habrían hecho bien en fijar sus expectativas de rentabilidad futura sobre la base de las fuentes actuales de rentabilidad, en lugar de caer en la trampa de fijarse en las rentabilidades pasadas para fijar su rumbo. El hecho de que la rentabilidad de los dividendos al comienzo del año 2000 estuviera en un mínimo histórico de solo el 1 % y el P/B en un nivel casi récord de treinta y dos veces las ganancias, explican en conjunto por qué el rendimiento medio de las acciones en la década actual es actualmente inferior al 1 % anual. Si el mercado se mantiene donde está al cierre de 2009, la rentabilidad de la década será la segunda más baja de cualquier década completa de la historia. (En los años treinta, la rentabilidad anual del S&P 500 fue del 0,0 % de media).

Negocios: el sesgo hacia el optimismo

Pero no solo nuestros mercados de capitales se han visto corrompidos por los peligros de confiar tanto en la aparente certeza de los números. Nuestras empresas también tienen mucho por lo que responder y, de hecho, las consecuencias económicas de la gestión de las empresas según los números son amplias y profundas.

El pésimo historial de los directores generales a la hora de predecir el crecimiento de sus propias empresas es un hecho bien establecido, pero su sesgo hacia el optimismo —y su uso (o, más bien, abuso) de las cifras para apoyar las suposiciones optimistas— tiene al menos la excusa del interés propio. Se supone que los analistas de valores deben aportar una mirada más objetiva a esas cifras, pero una y otra vez se ponen sin crítica unas gafas de color de rosa y se dejan llevar.

Con la orientación de los beneficios de las empresas que cubren, los analistas de valores de Wall Street han estimado regularmente, durante las dos últimas décadas, el crecimiento medio de los beneficios a cinco años. Por término medio, las proyecciones preveían un crecimiento a una tasa anual del 11,5 %. Sin embargo, como grupo, estas empresas cumplieron sus objetivos de beneficios en solo tres de los veinte períodos quinquenales sucesivos. Y el crecimiento real de los beneficios de estas empresas ha sido, por término medio, solo la mitad de la proyección original: el 6 %.

Pero, ¿cómo podemos sorprendernos de este desfase entre las orientaciones y los resultados? Los beneficios agregados de nuestras empresas están estrechamente ligados, casi al mismo tiempo, al crecimiento de nuestra economía. Ha sido un año raro en el que los beneficios de las empresas representaron menos de 4,5 % del producto bruto interno (PBI) de Estados Unidos, y los beneficios solo en raras ocasiones llegan hasta el 9 %. De hecho, desde 1929, los beneficios después de impuestos han crecido a un ritmo medio del 5,6 % anual, en realidad por debajo de la tasa de crecimiento del 6,6 % del PBI. En una economía capitalista donde la competencia es vigorosa y sin restricciones y donde el consumidor es el rey, ¿cómo podría ser que los beneficios de las empresas estadounidenses crezcan más rápido que nuestro PBI?

Nuestro sesgo optimista también ha provocado otra grave debilidad. En una tendencia que ha llamado muy poco la atención, hemos cambiado la propia definición de beneficios. Mientras que los beneficios comunicados a los accionistas según los principios contables generalmente aceptados (GAAP) han sido la norma desde que Standard & Poor's comenzó a recopilar los datos hace años, en los últimos años la norma ha cambiado a los beneficios de explotación.

Los beneficios de explotación son esencialmente los beneficios declarados sin todos esos cargos sucios, como las revalorizaciones de inventario y las amortizaciones de capital, a menudo resultado de inversiones y fusiones imprudentes de años anteriores. Se consideran no recurrentes, aunque para las empresas en su conjunto se repiten, año tras año, con notable consistencia. Para que conste, los beneficios declarados por el índice S&P 500 durante la última década han sido de una media de 51 dólares por acción, mientras que los beneficios de explotación fueron de una media de 61 dólares por acción. La cifra ilusoria que podíamos contar tan fácilmente era un 20 % más alta que la cifra real en la que podíamos confiar.

Además, ahora tenemos los beneficios proforma —una formulación espantosa que hace un nuevo uso (o, de nuevo, un abuso) de un término antes respetable— que informan de los resultados corporativos sin tener en cuenta acontecimientos desagradables. Estas calificaciones «sin cosas perjudiciales» son un paso más en la dirección equivocada. Incluso los beneficios certificados por los auditores se han puesto en duda, ya que el número de reformulaciones de los beneficios de las empresas se ha multiplicado casi por dieciocho, pasando de noventa en 1997 a mil quinientos setenta y siete en 2006. ¿Parece esto un informe financiero corporativo puntilloso? Difícilmente. De hecho, parece precisamente lo contrario.

Las normas contables laxas (es decir, el recuento laxo) han hecho posible crear, de la nada, lo que pasa por ganancias. Un método popular consiste en realizar una adquisición y luego hacer grandes gastos calificados de no recurrentes, que se revierten en años posteriores cuando se necesitan para reforzar los resultados operativos. Pero el fallo en nuestras normas contables va mucho más allá: clasificar con displicencia grandes partidas como inmateriales; exagerar los supuestos rendimientos futuros de los planes de pensiones, contar como ventas las realizadas a clientes que pidieron prestado el dinero al vendedor para hacer las compras, haciendo ofertas especiales para forzar las ventas extra al final del trimestre, etc. Si no se puede conseguir cumplir con los números previstos, en efecto solo hay que cambiar los números. Pero lo que describimos vagamente como contabilidad creativa está solo a un pequeño paso de la contabilidad deshonesta.

Las consecuencias de la contabilidad en el mundo real

Cuando nuestro gobierno manipula los libros con los que sopesamos la economía, cuando nuestras instituciones financieras atribuyen certidumbre a la historia y cuando nuestras empresas practican un optimismo intencionado e interesado, las ondas se extienden mucho más allá de las desafortunadas abstracciones numéricas. Estos defectos profundamente arraigados tienen implicaciones sociales, y la mayoría de ellas son negativas.

Por ejemplo, cuando los inversores aceptan que los rendimientos del mercado bursátil se derivan de un tipo de tabla actuarial, no estarán preparados para los riesgos que surgen de la inevitable variabilidad de los rendimientos de la inversión y la inevitable incertidumbre de los rendimientos especulativos. En consecuencia, es probable que tomen decisiones imprudentes de asignación de activos bajo la presión —o la exuberancia— del momento. Los planes de pensiones que cometen este error tendrán que aumentar su financiación cuando la realidad intervenga. Cuando los inversores basan la planificación de la jubilación en la consecución de los rendimientos que los mercados financieros han proporcionado en el pasado, y luego ignoran tácitamente el asombroso peaje que suponen los costes de intermediación y los impuestos (por no hablar de la inflación), ahorran una parte patéticamente pequeña de lo que deberían ahorrar para asegurarse una jubilación cómoda.

Otro ejemplo de las consecuencias en el mundo real: nuestro sistema financiero ha desafiado a nuestras empresas a producir un crecimiento de los beneficios que es, en realidad, insostenible. Cuando las empresas no consiguen alcanzar sus objetivos numéricos de la forma más difícil —a largo plazo, aumentando la productividad; mejorando los productos antiguos y creando otros nuevos; prestando servicios de forma más amigable, más oportuna y más eficiente, y desafiando a las personas de la organización a trabajar juntas de forma más eficaz (y esas son las formas en que nuestras mejores empresas logran el éxito)— se ven obligadas a hacerlo de otras formas: formas que a menudo restan valor a ti, a mí y a la sociedad.

Las finanzas marcan la pauta para las empresas

Una de estas formas, por supuesto, es una estrategia agresiva de fusiones y adquisiciones. Incluso dejando de lado el lugar común de que la mayoría de las fusiones no logran sus objetivos, las empresas que siguieron estas estrategias fueron bien descritas en un ensayo de opinión del *New York Times* de 2002 como «adquirentes en serie [cuyo] deslumbrante número de acuerdos hace que la ausencia de éxito en la gestión a largo plazo sea fácil de ocultar». Tyco International, uno de los ejemplos más notorios de la era moderna, adquirió setecientas empresas antes de que llegara el día del juicio final. Pero el resultado final de la estrategia, como explica el artículo del *Times*, estaba casi predestinado: «Sus imperios inflados [por cifras] pueden ser muy rápidamente corregidos por la disciplina del mercado».

Gran parte de esta actividad de fusión ha alcanzado el nivel de lo absurdo. Michael Kinsley, en el *New York Times* en mayo de 2007, señala que en 1946, Warren Avis tuvo una idea. Fundó Avis Airlines Rent-a-Car. Dos años más tarde, Avis vendió la empresa a otro empresario, que la vendió a una empresa llamada Amoskeag, que la vendió a Lazard Freres, que la vendió al gigantesco conglomerado ITT Corporation (¡todo esto antes de 1965!). En total, Avis ha pasado por unos dieciocho propietarios diferentes, y cada vez, señala Kinsley, «ha habido honorarios para los banqueros y honorarios para los abogados, bonificaciones para los altos ejecutivos [para pagarles por el pasado o para contratarlos para el futuro], y teorías sobre por qué esto era exactamente lo que la empresa necesitaba.»

Desde entonces (es una larga historia), Avis ha vuelto a cotizar en bolsa, después ha vuelto a ser propiedad de un conglomerado (Norton Simon, Esmark, Beatrice Foods); después se vendió a Wesray Capital, que vendió la mitad del negocio a PHH Group, y el resto se vendió a los empleados de Avis, que la vendieron a una empresa llamada HFS Corporation, que la sacó a bolsa, tras lo cual Avis compró, aunque no lo creas, a PHH; la empresa combinada fue luego comprada por Cendant.

Kinsley lo resume bien: «El capitalismo moderno tiene dos partes: están los negocios y las finanzas. El negocio es alquilar un coche en el aeropuerto. Las finanzas son algo más». Lo que llamamos negocios hoy en día es en gran parte finanzas. (Me atrevo a sugerir que los financieros que jugaron todos esos juegos comerciales con la creación de Warren Avis sacaron mucho más dinero de la empresa que el que se llevó a través de ese complejo laberinto de transacciones a los accionistas, que son, por supuesto, los propietarios de la empresa).

«Piedra, papel, tijera»

La saga de Avis es un ejemplo convincente del hecho de que demasiadas de las llamadas empresas industriales se han convertido en empresas financieras, empresas que cuentan en lugar de hacer. (Testigo de ello es el hecho de que el ayudante principal del director general es casi siempre el director financiero, a menudo considerado por la comunidad de inversores como la *éminence grise*). Estas empresas, citando de nuevo el artículo de Kinsley en el *New York Times*, «basan sus estrategias no en la comprensión de los negocios en los que se meten, sino que suponen que, rebuscando entre las buenas ofertas, pueden asignar mejor sus recursos financieros que los mercados financieros existentes».

Quizá recuerden el juego infantil en el que la piedra rompe las tijeras, las tijeras cortan el papel y el papel cubre la piedra. En las manías, como señalé en mi libro *La batalla por el alma del capitalismo*, cuando los precios pierden contacto con los valores, el papel cubre la roca. Las empresas de «papel» que cuentan han adquirido empresas de «piedra» que hacen, y los resultados han sido devastadores. Cuando menciono las fusiones de America Online (AOL) y Time Warner; de Qwest Communications y U.S. West, y de WorldCom y MCI, no tengo que decirles cuál era papel y cuál piedra. Estos son algunos de los ejemplos más conmovedores de un fenómeno en el que muchas adquisiciones corporativas agresivas de empresas que fueron una vez las rocas de sus industrias han caído en tiempos peligrosos, con cientos de miles de empleados leales a largo plazo perdiendo sus puestos de trabajo y viendo sus ahorros de jubilación recortados sin piedad.

Dar una oportunidad al juicio

Para que no se me acuse de no saber contar, que quede claro que no estoy diciendo que los números no importen. Las normas de medición —los números, si se quiere— son esenciales para la comunicación de objetivos y logros financieros. Eso lo sé. Pero durante casi cuatro décadas, me he dedicado a construir una empresa —y una institución financiera— basada mucho más en la buena aplicación de algunas ideas de inversión con sentido común, un sentido ilustrado de los valores humanos y las normas éticas, y el vínculo de confianza entre nuestra empresa y sus clientes. Hicimos todo lo posible por evitar la medición con objetivos cuantitativos y logros estadísticos. La cuota de mercado de Vanguard, como he dicho en innumerables ocasiones, debe ser una medida, no un objetivo; debe ganarse, no comprarse. Sin embargo, el hecho es que nuestra cuota de mercado de los activos de la industria de fondos ha aumentado, sin interrupción, durante los últimos veintiocho años.

Nuestra estrategia surgió de la convicción de que el mejor crecimiento corporativo proviene de poner el caballo de hacer cosas para los clientes por delante del carro de los objetivos de ganancias. El crecimiento debe ser orgánico en lugar de forzado. Ninguna empresa, por supuesto —y desde luego no una tan grande como lo es hoy Vanguard—, puede ignorar los números por completo, pero a menudo he observado los extremos en el estilo de gestión entre las empresas que confían y las empresas que cuentan, y espero fervientemente que cualquiera que haya trabajado para Vanguard incluya a nuestra empresa entre las primeras. Por mi parte, he tratado de reforzar este punto a lo largo de las décadas con un aforismo que he visto colocado en innumerables escritorios a través de nuestros ahora aparentemente innumerables edificios:

Por el amor de Dios, mantengamos siempre a Vanguard como un lugar donde el juicio tiene al menos una oportunidad de luchar contra el proceso.

El espíritu de la confianza

Mi fe en la confianza se remonta a la Regla de oro. Después de todo, en la Biblia se nos implora que amemos a nuestro prójimo, no que cuantifiquemos su carácter; y que hagamos con ellos lo que quisiéramos que nos hicieran a nosotros, no que les hagamos en igual medida lo que nos han hecho a nosotros. En Vanguard, nuestro propio santo patrón, el gran héroe naval británico Lord Horatio Nelson, capitán del HMS Vanguard y moldeador de hombres sin parangón, reafirma esta Regla de oro. Así es como se describió a Nelson en un sermón que mi mujer, Eve, y yo escuchamos en la catedral de San Pablo de Londres el 23 de octubre de 2005, en el 200º aniversario de su muerte en la batalla de Trafalgar:

Es cierto que Nelson era un profesional consumado y un gestor muy trabajador... pero en los momentos de decisión, los líderes necesitan entrar en contacto con las convicciones fundacionales y con el sentido de la vocación que surge de lo más profundo de uno mismo. Esta es la fuente de una sana confianza en sí mismo y de la capacidad de dominar el miedo y de animar a la gente en las circunstancias más extremas. Todo sistema educativo que pretenda formar líderes y seguidores eficaces debe tomarse muy en serio la formación de estas convicciones fundacionales.

Sin embargo, vivimos en una época extraña en la que la tabla periódica y todo lo que puede cuantificarse y reducirse a una verdad matemática se considera una descripción exacta de la realidad, pero las bienaventuranzas y las enseñanzas de las tradiciones de sabiduría del mundo se consideran poco más que opiniones discutibles de sabios muertos.

El sentido de la llamada personal e individual de Nelson se desarro-
lló dentro de una tradición que también entiende el crecimiento de la
vida espiritual como el crecimiento del amor al prójimo. Nelson no esca-
timó esfuerzos para apoyar y servir a sus compañeros. Demostró una con-
fianza contagiosa en la gente, que sacaba lo mejor de ellos y los compro-
metía no solo con la persona de Nelson, sino que los inscribía en la causa
en la que él creía… una fe en que se debe confiar en la gente de manera
que les ayude a ser dignos de confianza.

¿Medir primero, juzgar después?

¿Qué hacer entonces con este aparente triunfo del contar sobre el confiar?
Para una buena serie de respuestas, me dirijo a David Boyle, crítico social
inglés y autor de *La suma de nuestro descontento*:

Vivimos en una época en la que la vida está completamente abrumada
por los números y el cálculo, y todos estamos cada vez más controlados por
«objetivos»… Lo aterrador es que, solo porque los ordenadores pueden
contar y medir casi todo, entonces lo hacemos. Hubo un tiempo en que
podíamos confiar en nuestro propio juicio, sentido común e intuición
para saber si estábamos enfermos o no. Ahora corremos el peligro de no
poder hacer nada sin que se mida primero.

Los números y las mediciones son tan vulnerables como el traje nuevo
del emperador a la incisiva e intuitiva pregunta humana. Cuanto más
nos acercamos a medir lo que es realmente importante, más se nos escapa,
aunque podemos reconocerlo, a veces en un instante. Confiar un poco
más en ese instante, y en nuestra capacidad para captarlo, es probable-
mente la mejor esperanza para todos nosotros.

Pero no solo los críticos sociales reconocen que el papel de contar debe ser
secundario al de confiar. Oigamos al ejemplar líder empresarial Bill George,

antiguo jefe de la empresa pionera en tecnología médica Medtronic: «La confianza lo es todo, porque el éxito depende de la confianza de los clientes en los productos que compran, de la confianza de los empleados en sus líderes, de la confianza de los inversores en quienes invierten para ellos y de la confianza del público en el capitalismo... Si no tienes integridad, nadie confiará en ti, ni debería hacerlo».

Un ejercicio vacío

Por favor, no me malinterpreten. Yo honro y respeto los números. Nadie sabe mejor que yo que los negocios son exigentes y competitivos, y que muchas —de hecho, la mayoría— de las empresas tienen vidas que, en la famosa fórmula de Thomas Hobbes, son «solitarias, pobres, desagradables, brutales y cortas». Debemos competir o morir. En tales circunstancias, no tenemos otra alternativa que construir metas objetivas y medibles y hacer que los responsables rindan cuentas de su consecución. Pero también reconozco la profunda sabiduría que se requiere para comprender que, sin confianza, contar es, en el mejor de los casos, un ejercicio vacío y, en el peor, peligroso.

Estés de acuerdo conmigo o no, al menos soy coherente. En 1972, hace casi cuarenta años, cerré mi mensaje anual a los empleados de la Wellington Management Company (que entonces dirigía) con esta cita de Daniel Yankelovich, sobre dar demasiada credibilidad a los números de la cuenta.[19]

El primer paso es medir lo que se puede medir fácilmente. Esto está bien hasta donde llega. El segundo paso es no tener en cuenta lo que no se puede medir, o darle un valor cuantitativo arbitrario. Esto es artificial o engañoso. El tercer paso es suponer que lo que no puede medirse en realidad

---

19. Habiendo fundado la principal empresa de investigación de mercado de su época, Yankelovich, educado en Harvard, conocía mejor que la mayoría los usos y abusos del conteo.

no es muy importante. Esto es ceguera. El cuarto paso es decir que lo que no se puede medir no existe realmente. Esto es un suicidio.

Estoy convencido de que esta cita es tan cierta hoy como entonces, y más relevante que nunca. Las organizaciones empresariales deben aprender que «no todo lo que se puede contar cuenta». Sin embargo, hoy en día nos basamos demasiado en las cuentas y no lo suficiente en la confianza. Ya es hora— de hecho ya se ha pasado la hora— de encontrar un equilibrio más saludable entre ambas cosas.

5

Demasiada conducta empresarial, poca conducta profesional

Entre las más obvias, y preocupantes, manifestaciones del cambio de los severos valores tradicionales de antaño a los a los llamémosle flexibles valores de nuestra era moderna —con sus miríadas de medidas numéricas y su ausencia de medidas morales— es la mutación gradual de nuestras asociaciones profesionales en empresas comerciales. Así como el poder corrompe, el dinero corrompe el buen funcionamiento de nuestra agenda nacional.

Nunca fue así. Hace poco más de cuarenta años, *Daedalus* —la venerable y prestigiosa revista de la Academia Americana de las Artes y las Ciencias— declaraba con orgullo:

En todos los ámbitos de la vida americana, las profesiones triunfan.

Pero cuando *Daedalus* retomó el tema en su número de verano de 2005, el ensayo principal constató que el triunfo había sido efímero. «Nuestras profesiones se han visto gradualmente sometidas a toda una serie de nuevas presiones, desde el creciente alcance de las nuevas tecnologías hasta la cada vez más acuciante importancia de ganar dinero». La idea de tener una vocación, señalaba el ensayo, estaba siendo socavada por «potentes fuerzas del mercado [que] han hecho cada vez más difícil delinear en qué se diferencian los profesionales de los no profesionales que tienen [la mayor parte] del poder y los recursos en la sociedad».

Empecemos por considerar lo que queremos decir cuando hablamos de profesiones y profesionales. El artículo de *Daedalus* definía una profesión como aquella que tiene estas seis características comunes:

1. Un compromiso con el interés de los clientes en particular, y el bienestar de la sociedad en general.
2. Un cuerpo de teoría o conocimiento especial.
3. Un conjunto especializado de habilidades profesionales, prácticas y actuaciones únicas en la profesión.
4. La capacidad desarrollada de emitir juicios con integridad en condiciones de incertidumbre ética.
5. Un enfoque organizado para aprender de la experiencia, tanto individual como colectivamente y, por tanto, de hacer crecer nuevos conocimientos a partir del contexto de la práctica.
6. El desarrollo de una comunidad profesional responsable de la supervisión y el control de la calidad tanto en la práctica como en los educadores profesionales.

Daedalus añadió entonces estas maravillosas palabras: «La característica primordial de cualquier profesión [es] servir de forma responsable, desinteresada y sabia... y establecer [una] relación inherentemente ética entre el profesional y la sociedad en general».

Los tiempos han cambiado

Cuando pensamos en profesionales, la mayoría de nosotros probablemente empezaría con médicos, abogados, profesores, ingenieros, arquitectos, contables y clérigos. Creo que también podríamos estar de acuerdo en que tanto los periodistas como los administradores del dinero de otras personas son —al menos en el ideal— también profesionales. Y, sin embargo, profesión por profesión, los viejos valores están siendo claramente socavados. La fuerza motriz en este caso, como en tantos otros, es nuestra sociedad de resultados, centrada en nuestra capacidad de contar con precisión lo que no cuenta en absoluto. Las fuerzas del mercado sin control no solo constituyen un fuerte desafío a la confianza tradicional de la sociedad en nuestras profesiones, sino que en algunos casos estas fuerzas han superado totalmente las normas de conducta profesional, desarrolladas durante siglos.

Es triste decir que el sector de los servicios financieros —incluido el sector de los fondos de inversión al que he dedicado toda mi carrera profesional— parece estar a la cabeza del desarrollo de estas fuerzas nefastas, como en muchos otros valores deteriorados que no nos aportan crédito. El campo de la gestión del dinero, que antes era una profesión en la que el negocio estaba supeditado, se ha convertido en un negocio en el que la idea de conducta profesional está supeditada.

El profesor de la Harvard Business School, Rakesh Khurana, dio en el clavo cuando definió la conducta de un verdadero profesional con estas palabras: «Crearé valor para la sociedad, en lugar de extraerlo». Muchos miembros de nuestra economía hacen exactamente eso: crear valor. El valor lo crean las profesiones que he identificado anteriormente, así como los fabricantes de bienes, los proveedores de servicios, los ingenieros, los constructores, etc., pero no el sector financiero.[20] Como hemos aprendido antes, la gestión del dinero extrae valor de los rendimientos obtenidos por nuestras empresas, y en el proceso de maximizar sus propios intereses comerciales, la industria parece haber perdido su orientación profesional.

Es fácil encontrar otros ejemplos de las duras consecuencias de este alejamiento de la conducta profesional. En el ámbito de la contabilidad pública, las

---

20. Algunos economistas sostienen que cuando se premia en exceso a quienes obtienen beneficios de la redistribución de la riqueza y no de la creación de la misma —señalan el gobierno, el derecho y los servicios financieros, incluidos los operadores de bolsa y los gestores de dinero—, la economía se resiente. Sin embargo, paradójicamente, el crecimiento más rápido entre las carreras universitarias de ingeniería no es el de la ingeniería tradicional —aeronáutica, eléctrica, mecánica y similares— sino el de la «ingeniería financiera» para aquellos que buscan carreras como gestores de fondos de cobertura y «quants» de Wall Street.

empresas que antes eran las Ocho Grandes (ahora las Cuatro Últimas) pasaron gradualmente a prestar servicios de consultoría enormemente rentables a sus clientes de auditoría, lo que las convirtió en socios comerciales de la dirección en lugar de evaluadores independientes y profesionales de los principios contables generalmente aceptados (aunque vagamente interpretados). La quiebra de Arthur Andersen en 2003, y la anterior quiebra de su cliente Enron, fueron solo un ejemplo dramático de las consecuencias de esta relación plagada de conflictos.

Esta no es una preocupación nueva para mí. He escrito mucho sobre cómo el desequilibrio entre los valores empresariales y profesionales ha invadido el periodismo, donde vemos el creciente dominio del «estado» (la publicación) sobre la «iglesia» (la redacción). En los últimos años, los escándalos han alcanzado a los más respetados ecónomos de la prensa: el *New York Times, Los Angeles Times*, el *Washington Post*... La profesión jurídica tampoco ha estado exenta de esta tendencia. El encarcelamiento de dos de los más destacados abogados litigantes por cargos penales es solo un ejemplo de cómo se han deteriorado los antaño elevados principios del ejercicio profesional de la abogacía y cómo el atractivo del dinero ha superado el prestigio de la reputación.

Una transición similar ha tenido lugar en la profesión médica, donde las preocupaciones humanas del cuidador y las necesidades humanas del paciente han sido superadas por los intereses financieros del comercio: nuestro gigantesco complejo de atención médica de hospitales, compañías de seguros, fabricantes y comercializadores de medicamentos y organizaciones de mantenimiento de la salud (HMO).

Martillos y clavos

En definitiva, las relaciones profesionales con los clientes se han transformado cada vez más en relaciones comerciales con los clientes. En un mundo en el que todo usuario de servicios se considera un cliente, todo proveedor de servicios se convierte en un vendedor. Dicho de otro modo, cuando el proveedor se convierte en un martillo, el cliente es visto como un clavo. Por favor, no me consideren ingenuo. Soy plenamente consciente de que toda profesión tiene elementos de negocio. De hecho, si los ingresos no superan los gastos, ninguna organización —incluso la más noble de las instituciones religiosas— seguirá existiendo. Pero a medida que muchas de las profesiones más orgullosas de nuestra nación cambian gradualmente su equilibrio tradicional, pasando de ser profesiones de confianza que sirven a los intereses de sus clientes de la comunidad a ser empresas comerciales que buscan una ventaja competitiva, los seres humanos que dependen de esos servicios son los perdedores.

Hace unos años, el autor Roger Lowenstein hizo una observación similar, lamentando la pérdida de la «rectitud calvinista» que tenía sus raíces en «las nociones del Viejo Mundo de integridad, ética y lealtad inquebrantable al cliente». «Las profesiones de Estados Unidos», escribió, «se han convertido en algo crasamente comercial... con empresas de contabilidad que patrocinan torneos de golf», y, podría haber añadido, los gestores de fondos de inversión no solo hacen lo mismo, sino que también compran los derechos de nombre de los estadios.[21] «La batalla por la independencia [profesional]», concluyó, «nunca se gana».

El capitalismo cambia sus valores

También nuestras empresas comerciales se han alejado mucho de los valores tradicionales del capitalismo. Las directrices del capitalismo moderno, que comenzaron con la Revolución Industrial en Gran Bretaña a finales del siglo XVIII, tenían que ver, sí, con el espíritu empresarial y la asunción de riesgos, con la obtención de capital, con la competencia vigorosa, con los mercados libres y con los rendimientos del capital siendo destinados a los que ponían el

---

21. Los banqueros y los banqueros de inversión también se han subido al carro. A mediados de 2008, el atribulado Citigroup, a pesar de las pérdidas de 17.000 millones de dólares registradas en lo que va de año (por no hablar de los 28.000 despidos), reafirmó con rotundidad su plan de comprar los derechos de denominación del nuevo parque de béisbol de los Mets de Nueva York, que se llamará Citi Field. Coste: 400 millones de dólares.

capital. Pero el funcionamiento eficaz del primer capitalismo se basaba en el principio fundamental de confiar y ser confiado.

Esto no quiere decir que la larga historia del capitalismo no haya estado salpicada de graves fallos. Algunos fueron fallos morales, como el vergonzoso trato a los trabajadores, a menudo simples niños, en las fábricas de una época anterior. Otros fueron la violación de las reglas de la competencia leal y abierta, ejemplificada por los monopolios petroleros y los robos de antaño. A finales del siglo xx, se produjo otro fracaso: la erosión de la propia estructura del capitalismo. No solo la confianza y el hecho de que se confíe en ellos ha llegado a desempeñar un papel cada vez menor, sino que los propietarios de nuestras empresas han sido relegados a un papel secundario en el funcionamiento del sistema.

Propietarios, no agentes

En mi opinión, hay dos fuerzas principales detrás de este desarrollo productivo: en primer lugar, el cambio que he descrito como la mutación patológica del capitalismo de los propietarios al capitalismo de los directivos. Nuestra antigua sociedad de propietarios, en la que las acciones de nuestras empresas estaban casi totalmente en manos de los accionistas directos, perdió gradualmente su peso y su eficacia. Desde 1950, la propiedad directa de las acciones estadounidenses por parte de los inversores individuales se ha desplomado desde el 92 % al 26 %, mientras que la propiedad indirecta de los inversores institucionales se ha disparado del 8 % al 74 %, una revolución virtual en la estructura de la propiedad. Nuestra antigua sociedad de propietarios ha desaparecido y no va a volver. En su lugar tenemos una nueva sociedad de agencia en la que nuestros intermediarios financieros tienen ahora el control efectivo de las empresas estadounidenses.

Pero estos nuevos agentes no se han comportado como deberían hacerlo. Nuestras empresas, gestores de pensiones y gestores de fondos de inversión han antepuesto con demasiada frecuencia sus propios intereses financieros a los intereses de los mandantes a los que están obligados a representar, esos cien millones de familias que son los propietarios de nuestros fondos de inversión y los beneficiarios de nuestros planes de pensiones.

Aunque esta mutación en la estructura de la propiedad explica gran parte del cambio en nuestro sistema de capitalismo, una segunda fuerza acentuó enormemente el problema. Cuando los inversores se centran, no en el valor intrínseco de la empresa, sino en el precio de sus acciones, la primera víctima es la asunción de cierta responsabilidad en el gobierno corporativo. ¿Por qué preocuparse del voto por delegación, por ejemplo, si un año más tarde ni siquiera se tendrán las acciones?

El resultado neto de este doble golpe fue bien descrito por Adam Smith, cuya advertencia de hace más de doscientos años parece haber sido ignorada:

Los gestores de dinero ajeno [rara vez] lo vigilan con la misma ansiosa vigilancia con la que... vigilan al suyo... se conceden muy fácilmente una dispensa. La negligencia y la profusión deben prevalecer siempre.

Y así, en la era reciente, la negligencia y la profusión han prevalecido entre nuestros directores de empresas y nuestros gestores de dinero, hasta el punto de un desprecio casi total de su deber y responsabilidad hacia los propietarios de las empresas. Demasiado pocos parecen ser adecuadamente conscientes de la falta de la «ansiosa vigilancia» sobre el dinero de otras personas que una vez definió la conducta profesional. Parafraseando a Upton Sinclair: «Es sorprendente lo difícil que es para un hombre entender algo si se le paga una pequeña fortuna por no entenderlo».

Remuneración de los directores generales: ¿cuánto es suficiente?

Una «pequeña fortuna» puede ser incluso una descripción inadecuada de lo que nuestras empresas pagan ahora a sus altos ejecutivos, impulsados en parte por estos dos cambios: de propiedad individual a propiedad diluida, y la tenencia a corto plazo de acciones corporativas por parte de sus nuevos propietarios. Uno de los grandes factores de diferenciación entre los valores empresariales y los profesionales es el papel del dinero. En los negocios, parece que no existe lo «suficiente», mientras que en las profesiones, el dinero está, al menos en el ideal, supeditado a las normas éticas y al servicio a la sociedad en general.

Hoy en día, la remuneración de nuestros líderes empresariales se ha disparado y, sin embargo, es difícil ver que los directores generales de nuestras grandes empresas, como grupo, hayan añadido mucho valor al crecimiento natural de nuestra economía. Mi propia conclusión sobre el tema se expresó también en mi libro *La batalla por el alma del capitalismo*:

En 1980, la remuneración del director general medio era 42 veces superior a la del trabajador medio; en el año 2004, la proporción se había disparado a 280 veces la del trabajador medio (frente a las asombrosas 531 veces del pico del año 2000). En el último cuarto de siglo, la remuneración de los directivos, medida en dólares corrientes, se multiplicó casi por 16, mientras que la del trabajador medio se duplicó ligeramente. Sin embargo, medida en dólares reales (de 1980), la remuneración del trabajador medio solo aumentó un 0,3 % al año, apenas lo suficiente para mantener su nivel de vida. Sin embargo, la remuneración de los directores generales aumentó a un ritmo del 8,5 % anual, es decir, se multiplicó por más de 7 en dólares reales durante el período. La justificación era que estos ejecutivos habían «creado riqueza» para sus accionistas. Pero, ¿estaban los directores generales creando realmente un valor acorde con este enorme aumento de la remuneración? Ciertamente, el director general medio no lo hacía. En términos reales, los beneficios agregados de las empresas crecieron a un ritmo anual de solo el 2,9 %, en comparación con el 3,1 % de la economía de nuestro país, representada por el Producto Bruto Interno. El hecho de que este retraso tan desalentador pueda hacer que la remuneración media de los directores ejecutivos alcance los 9,8 millones de dólares en 2004 es una de las grandes anomalías de la época.

Incluso en la época reciente, en la que los rendimientos de las acciones de muchas empresas han progresado poco —y a menudo han retrocedido—, la remuneración de los directivos se ha mantenido en niveles realmente asombrosos, pero ¿con qué justificación? Como se ha señalado anteriormente, los beneficios de nuestras empresas como grupo han proporcionado una parte relativamente estable del PBI a lo largo de los años, no una parte creciente que pudiera justificar algún aumento de la remuneración de los directivos, por no hablar del salto de cuarenta y dos veces la remuneración media de los trabajadores a doscientos ochenta veces de hace unos años, en 2004. Desde entonces, esa relación ha vuelto a subir a 520 veces, y la remuneración media de los directores generales ha subido a unos aún más fríos 18,8 millones de dólares, casi el doble que en 2004.

Si los directores generales, como grupo, son —y deben ser— la media, ¿qué explica sus elevadas escalas salariales? Un argumento es que su salario es simplemente parte de una tendencia en la que la paga de los miembros más talentosos y afortunados de una variedad de grupos — por ejemplo, las estrellas de cine y televisión, y los jugadores profesionales de béisbol, baloncesto y fútbol — ha aumentado aún más. Por supuesto, estas estrellas del deporte y del espectáculo cobran fortunas. Pero son pagados directa o indirectamente por sus fans y, a menudo, por los propietarios de los equipos o de las cadenas de televisión por su propio interés. (¡Los propietarios ganan mucho dinero con estas estrellas!) Es un trato de igualdad. Sin embargo, los directores generales no son pagados con sus propios fondos, sino con el dinero de otras personas, un claro ejemplo del conflicto de intereses en nuestro sistema de inversión y de nuestro enfoque en la conducta empresarial en lugar de la conducta profesional.

La falta de responsabilidad

El problema de fondo es que los accionistas de las empresas han desempeñado un papel escaso o nulo en la fijación de la remuneración de los ejecutivos.

Hace mucho tiempo, Benjamin Graham acertó de lleno en esta cuestión. Observó que en términos de derechos legales, «los accionistas como clase son los reyes. Actuando como una mayoría pueden contratar y despedir a los directivos y someterlos completamente a su voluntad». Pero en términos de la afirmación de estos derechos en la práctica, «los accionistas son un completo fracaso... no muestran ni inteligencia ni vigilancia... y votan como ovejas cualquier cosa que recomiende la dirección, sin importar lo pobre que sea el historial de logros de la dirección». Eso era cierto cuando escribió esas palabras en 1949; no es menos cierto hoy.

Impulsado por la creciente falta de responsabilidad de los consejos de administración frente a los accionistas, este conflicto de intereses afecta al gobierno corporativo de tres maneras principales. En primer lugar, la indiferencia de los gestores de dinero institucionales (también muy bien pagados), que en conjunto tienen ahora el control efectivo de los votos de las empresas estadounidenses. Luego están los conflictos de intereses a los que se enfrentan estos gestores, en los que su interés fiduciario en representar a los accionistas de los fondos de inversión y a los beneficiarios de las pensiones a los que están obligados a servir parece haber sido superado por su interés financiero en reunir y gestionar los activos de estos fondos de inversión y de pensiones. Y, por último, está el hecho de que la mayoría de los accionistas institucionales ya no practican la inversión a largo plazo (lo que lógicamente exige prestar atención a las cuestiones de gobierno corporativo). En cambio, se han volcado en la especulación a corto plazo, en la que mantienen las acciones de las empresas durante una media de un año o menos (lo que lógicamente conduce a la indiferencia por las cuestiones de gobernanza).

Una medida que podría mitigar los tres problemas sería permitir las votaciones no vinculantes de los accionistas sobre la remuneración de los ejecutivos. Los costes de aplicación serían relativamente modestos y obligarían a los accionistas institucionales que son dueños de la América corporativa a actuar como ciudadanos corporativos responsables, en beneficio de nuestra sociedad en general.

Valor intrínseco, no precio de las acciones

No es de extrañar que los consejeros delegados que gestionan empresas cuyas acciones han proporcionado mayores rendimientos hayan recibido una compensación sistemáticamente mayor. Después de todo, dado el importante papel que desempeñan las opciones sobre acciones en los paquetes de compensación, sería poco menos que sorprendente que no fuera así. Pero no estoy de acuerdo con la fuerte dependencia de los precios de las acciones como base principal de la compensación de los directores ejecutivos. El precio a corto plazo y momentáneo de una acción, como sabemos ahora, es tan ilusorio como preciso. El rendimiento de los directivos debería basarse en la construcción a largo plazo del valor intrínseco duradero, que es tan real como impreciso. (¡Eso sí que es una paradoja!)

Basar la retribución en el aumento del valor intrínseco de la empresa sería una forma mucho mejor que hacerlo en los precios de las acciones para recompensar a los ejecutivos por su rendimiento duradero a largo plazo. Por ejemplo, la remuneración de los directivos podría basarse en el crecimiento de los beneficios de la empresa, el flujo de caja de la empresa (aún mejor, ya que es mucho más difícil de manipular), el crecimiento de los dividendos (ídem) y el rendimiento del capital de la empresa en relación con sus pares y con las empresas como grupo (digamos, el S&P 500). Estas mediciones deberían realizarse durante un periodo de tiempo prolongado. Además, la remuneración de los incentivos de los directores generales debería estar sujeta a la superación de una especie de tasa límite, obtenida solo cuando los rendimientos de la empresa superan el coste de capital de la misma.

Rendimiento, no grupos de pares

Gran parte de la responsabilidad de nuestro defectuoso sistema de retribución de los directivos puede atribuirse al auge de los consultores de retribución. En primer lugar, debe quedar claro que los consultores de retribución que recomienden sistemáticamente salarios más bajos o normas más estrictas para la retribución de los directores generales probablemente no conservarán muchos clientes. Para empeorar las cosas, la conocida metodología de los consultores —agrupar a los directores generales en grupos de pares medidos en cuartiles— conduce inevitablemente a escalar la retribución.

Se ha observado, correctamente en mi opinión, que los consejos de administración suelen enamorarse de sus directores generales (al menos hasta que algo grande sale mal). Cuando un consejo de administración descubre que la remuneración de su propio director general se sitúa en el cuarto cuartil, aumenta su remuneración para situarla, por ejemplo, en el segundo cuartil, lo que, por supuesto, hace que otro director general caiga en el cuarto cuartil. Y así se repite el ciclo, hacia adelante y hacia arriba durante años, casi siempre con el estímulo del consultor aparentemente imparcial (que, por supuesto, no se gana la vida recomendando menos, sino recomendando más).

Esta metodología es fundamentalmente defectuosa, y tiene el efecto obvio: las cifras de estas tablas de compensación casi siempre suben para el grupo de pares, y casi nunca bajan. Warren Buffett describe mordazmente la típica empresa de consultoría nombrándola, en tono de broma, «Ratchet, Ratchet y Bingo»[22]. Hasta que no paguemos a los directores generales en función de los resultados de la empresa y no en función de sus homólogos, la remuneración de los directores generales seguirá, casi inevitablemente, su camino ascendente.

Por último, la remuneración de los directores generales debería tener un componente contingente. La remuneración de los incentivos debe repartirse a lo largo de un amplio período de años, y las opciones sobre acciones también deben introducirse gradualmente; por ejemplo, el 50 % puede ejercerse en la primera fecha de ejercicio, y el 10 % puede ejercerse anualmente durante los cinco años siguientes. También debería haber disposiciones de recuperación en virtud de las cuales la compensación de incentivos se devuelva a la empresa

---

22. *Ratchet Effect* se refiere en economía a incrementos que se perpetúan en el tiempo y no retroceden.

cuando los beneficios se reajusten a la baja. Si los consejeros delegados van a exponer a sus empresas a estrategias agresivas y a grandes riesgos con el fin de obtener la máxima compensación, ya sea basada en el valor intrínseco para el accionista o en el precio de las acciones, entonces, cuando las estrategias se vuelven contraproducentes, el valor para el accionista se derrumba y los riesgos se vuelven contra ellos (como se ejemplifica trágicamente en la actual crisis financiera), se debería exigir a los ejecutivos que aporten de sus propias y ricas recompensas anteriores.

Principios y directores

Devolver a la conducta profesional un papel más importante en los asuntos empresariales no será tarea fácil. Una vía a seguir, curiosamente, me la sugirió un correo que llegó a mi mesa con un error tipográfico que no pude ignorar. Enviado por el Center for Corporate Excellence para anunciar que General Electric recibiría su premio *Long-Term Excellence in Corporate Governance*, el folleto citaba al presidente de GE, Jeffrey Immelt, sobre la importancia de los «sólidos directores de gobierno corporativo»[23].

Evidentemente, la cita debería haber dicho principios, no directores. Pero al pensar en el error, me pareció casi profético. Al fin y al cabo, por muy sólidos que sean los principios éticos del mundo de la empresa, ¿de qué sirven sin unos directores éticos que los respeten? Las empresas estadounidenses necesitan urgentemente más líderes que asuman la responsabilidad de garantizar que estos principios éticos impregnen y dominen la cultura de nuestro mundo empresarial.

Estoy seguro de que todos podemos estar de acuerdo en un conjunto básico de principios éticos que deberían guiar a las empresas y a sus dirigentes

---

23. La cita original en inglés es «*sound principals of corporate governance*». El error yace en el uso la palabra «*principals*» que puede traducirse como «directores» en lugar de «principles» que puede traducirse como «principios».

hacia las normas profesionales tradicionales. De hecho, prácticamente todas nuestras grandes empresas cotizadas tienen ya códigos éticos, publicados a la vista de todos, que promueven de boquilla unos ideales elevados. Sin embargo, también hemos sido testigos de demasiados ejemplos en los que estas normas han sido ignoradas por los mismos directivos que presumen de ellas, con el fin de alcanzar objetivos ambiciosos —a menudo demasiado ambiciosos— de crecimiento de los ingresos y los beneficios de la empresa.

Nuestros consejeros corporativos también hablan de boquilla sobre su deber de representar responsablemente a los accionistas de las empresas cuyas representaciones votan. ¿Cómo podrían decir lo contrario? Pero preservar, proteger y defender los recursos de la empresa con los intereses de sus propietarios como máxima prioridad parece ser la excepción más que la regla. Aunque el hecho es que el director general es un empleado —aunque sea el más veterano— de la empresa, responsable, a través del consejo de administración, ante los propietarios, son raros los directores generales que se ven a sí mismos en esos términos. Más bien, el paradigma es el de los directores generales imperiales que se ven a sí mismos como únicos responsables de la creación de valor para los accionistas, olvidando la inmensa contribución de todos esos millones de empleados que se entregan a la tarea de crear valor corporativo cada día y, lo que es peor, son pagados como si su contribución fuera pequeña.

Vemos que las empresas predican el llamado cuadro de mando integral que exige un trato justo con los demás grupos de interés de la empresa —clientes, empleados, proveedores, la comunidad local, el gobierno y el público —. Pero los periódicos están llenos, cada día parece, de historias de empresas que han ido exactamente en la dirección opuesta. ¿Y qué hay de la integridad de los estados financieros de la empresa, por no hablar de la verdadera autonomía del auditor independiente que da fe de su conformidad con los principios contables generalmente aceptados? No es de extrañar que la maravilla de la ingeniería de nuestra época sea la ingeniería financiera.

¿Estoy diciendo que nuestros empresarios de hoy son menos éticos que sus predecesores? No, no necesariamente. Pero sí sostengo que nuestros principios empresariales se han comprometido. No hace muchas décadas que las normas de conducta en los negocios eran casi absolutas:

Hay cosas que simplemente no se hacen.

Pero hoy nos basamos en normas relativas:

Todo el mundo lo hace, así que yo también puedo hacerlo.

Nuestra sociedad no puede ni debe tolerar la sustitución del relativismo moral por una cierta forma de absolutismo moral, y su degradación en las normas éticas del comercio.

«Solo los capitalistas pueden matar al capitalismo»

Los que somos o hemos sido directivos en el mundo de la empresa tenemos la gran obligación no solo de establecer unos principios rigurosos que sirvan de modelo profesional para nuestras empresas y colegas, sino para preservar, proteger y defender esos principios. Cuando no lo hacemos, como ha ocurrido demasiado a menudo últimamente, el cinismo se extiende por toda la población y los males sociales se magnifican. No puedo argumentar mejor que lo que hizo Felix Rohatyn, el muy respetado exdirector general de Lazard Freres, en el *Wall Street Journal* hace unos años:

Soy estadounidense y capitalista y creo que el capitalismo de mercado es el mejor sistema económico jamás inventado. Pero debe ser justo, debe estar regulado y debe ser ético. Los últimos años han demostrado que pueden producirse excesos cuando se abusa del capitalismo financiero y de la tecnología moderna al servicio de la codicia. Solo los capitalistas pueden matar al capitalismo, pero nuestro sistema no puede soportar mucho más abuso del tipo que hemos presenciado recientemente, ni

*puede soportar mucho más la polarización financiera y social que esta-
mos viendo hoy.*

En nuestras empresas y en nuestros mercados financieros estamos viendo
el resultado del triunfo de las normas empresariales sobre las profesionales:
demasiado de las primeras y poco de las segundas. No, no podemos negar
—ni deberíamos hacerlo— que el requisito principal de cualquier empresa es
obtener beneficios. Pero sí podemos exigir que una empresa conduzca sus
asuntos con profesionalidad ética. Nuestra sociedad tiene un enorme interés
en esforzarse por volver a los valores profesionales que, hace apenas cuarenta
años, triunfaban en esta nación.

6

Demasiada persuasión, poca supervisión

Es especialmente doloroso para mí reconocer que el sector de los fondos de inversión es, en muchos aspectos, el ejemplo del deterioro de los valores empresariales y de inversión que acabo de describir. Permíteme, por tanto, que me dirija a la misma industria en la que entré en 1951 y en la que he trabajado desde entonces, y que analice los enormes cambios que se han producido en ella durante mi más de medio siglo en el sector. En primer lugar, hagamos una crónica de estos cambios, que en su conjunto han hecho que la balanza se aleje de la administración de antaño y se convierta en el espíritu comercial que caracteriza claramente al sector en la actualidad.

El cambio más evidente es que el sector de los fondos ha experimentado un enorme crecimiento. Antes era un enano, ahora es un gigante. En 1951, los activos de los fondos de inversión ascendían a 2.000 millones de dólares. Hoy en día, los activos ascienden a más de 12 billones de dólares, lo que supone una asombrosa tasa media de crecimiento anual del 17% durante más de medio siglo, una tasa que ha sido superada por pocos o ningún otro sector. En 1951, los fondos de capital poseían alrededor del 1% de todas las acciones de Estados Unidos; en 2008, poseían un asombroso 35%, lo que convierte al sector de los fondos mutuos en la institución financiera más dominante del país.

De forma mucho menos evidente, el sector de los fondos ha cambiado significativamente su enfoque de inversión. Entonces, casi el 80% de los fondos de acciones (60 de un total de 75 fondos) estaban ampliamente diversificados entre los valores de grado de inversión. Estos fondos seguían más o menos los movimientos del propio mercado bursátil y se quedaban rezagados con respecto a sus rendimientos solo por el importe de sus entonces modestos costes operativos. En la actualidad, estos fondos combinados de gran capitalización —unos 500 en total— son superados ampliamente por 3.100 fondos de renta variable estadounidense diversificados en otros estilos, otros 400 fondos estrechamente diversificados en varios sectores del mercado, y 800 fondos que invierten en renta variable internacional —algunos ampliamente diversificados, otros invirtiendo en países específicos. Algunas de estas nuevas categorías de fondos (por ejemplo, el mercado bursátil mundial) han servido bien a los inversores; otras han tenido consecuencias desastrosas. En cualquier caso, el reto a los inversores en la selección de fondos se ha convertido en un reto casi equivalente al de la selección de acciones individuales.

Los inversores cambian de lugar; los gestores también

En parte como respuesta a este cambio, el comportamiento de los inversores que poseen fondos de inversión también ha cambiado. Los inversores en fondos ya no se limitan a elegirlos y mantenerlos. Los negocian. En 1951, el inversor medio de fondos mantenía sus acciones durante unos dieciséis años. Hoy, ese período de mantenimiento se promedia en aproximadamente cuatro años. Para empeorar las cosas, los inversores de fondos no operan con mucho éxito. Debido a que normalmente persiguen los buenos resultados y abandonan el barco después de los malos resultados, los rendimientos ponderados por activos —los realmente obtenidos por los inversores de fondos— han sido inferiores a los rendimientos ponderados por el tiempo declarados por los propios fondos por la asombrosa diferencia mencionada anteriormente, en la que el 10 % de rendimiento anual del fondo medio durante veinticinco años fue un 37 % superior al 7,3 % de rendimiento obtenido por los accionistas de los fondos.

El proceso de inversión utilizado por los gestores de fondos también es radicalmente diferente del que prevalecía cuando yo entré en este campo. En 1951, la gestión por parte de un comité de inversión era la norma; hoy es la excepción. Esta es la era del gestor de carteras, con la gran mayoría de los fondos (alrededor del 60%) gestionados por un solo individuo o un equipo de unos tres gestores.[24] Aunque la gestión por comité no era garantía de un rendimiento superior, el sistema sirvió bien a los inversores, ya que la gran mayoría de los fondos produjeron rendimientos relativamente similares a los del mercado. Y aunque un sistema de gestores de cartera individuales no sea malo en sí mismo, esta evolución —realmente una revolución— ha provocado costosas discontinuidades. Se ha desarrollado un sistema de estrellas entre los gestores de fondos de inversión, con todo el ruido que ello conlleva, fomentando la hiperactividad de los inversores en fondos. El gestor de cartera medio trabaja en un fondo durante solo cinco años, gestionando agresivamente una cartera cuyos rendimientos a menudo se desvían bruscamente de los rendimientos del mercado de valores en general, a veces de forma positiva durante un tiempo, y luego de forma bruscamente negativa. Pero la mayoría de esas estrellas han resultado ser cometas.

Dado este cambio de lo colectivo a lo individual, no es de extrañar que las estrategias de inversión de los fondos también se hayan modificado drásticamente. En 1951, el fondo de inversión típico se centraba en la sabiduría de la inversión a largo plazo, manteniendo la acción media en su cartera durante unos seis años. En la actualidad, el periodo de tenencia de una acción para los fondos de renta variable gestionados es de solo un año. (De forma más caritativa, sobre una base ponderada en dólares, el periodo medio de tenencia es de algo más de un año y medio). En cualquier caso, el típico fondo de inversión de hoy se centra en la locura de la especulación a corto plazo.

---

24. En un perfeccionamiento de este sistema, algunos gigantescos gestores de fondos emplean grupos de equipos de «asesores de cartera», cada uno de los cuales maneja una porción relativamente pequeña de los activos del fondo. Queda por ver si estos equipos pueden multiplicarse *ad infinitum* para producir rendimientos superiores.

Con estos cambios, los costes de los fondos se han disparado. Sobre una base no ponderada, el ratio de gastos del fondo medio de renta variable gestionado activamente casi se ha duplicado, pasando del 0,77 % en 1951 al 1,50 % en 2007. Para ser justos, cuando se pondera por los activos del fondo, el ratio de gastos ha pasado del 0,60 % al 0,93 %, un aumento menor, pero aún asombroso, de más del 50 %. Dicho de otro modo, si aplicamos estos ratios a unos activos de fondos de renta variable de 2.000 millones de dólares en 1951 y de 7 billones de dólares en 2007, respectivamente, un sector que antes prestaba sus servicios —de forma bastante más eficaz— por 12 millones de dólares al año, ahora lo hace —de forma menos eficaz— por 65.000 millones de dólares al año.

Bueno para los gestores, malo para los accionistas

Sin embargo, este asombroso aumento de los costes constituye un importante lastre para los rendimientos obtenidos por los inversores. A pesar del gran crecimiento de los activos de la industria desde 1951, los gestores se han arrogado la mayor parte de las economías de escala extraordinarias disponibles en el campo de la gestión del dinero, en lugar de dirigir esa mayor parte de las economías a los propietarios de los fondos, que, para decir lo obvio, las hicieron posibles. Como se ha señalado anteriormente, los gestores de dinero —dirigidos por los gigantes conglomerados financieros mundiales que dominan el sector (esos conglomerados son ahora propietarios de treinta y dos de las cincuenta mayores organizaciones de fondos, y otras nueve empresas son de propiedad pública) tienen como máxima prioridad la rentabilidad obtenida de su propio capital, en lugar de la rentabilidad obtenida del capital que invierten para sus accionistas de fondos. Este cambio en el carácter de la industria —de gestores de propiedad privada a gestores en gran parte propiedad de conglomerados y controlados por ellos— pone de manifiesto el hecho de que lo que es bueno para la industria de los fondos es generalmente malo para los accionistas de los mismos.

Cada uno de estos profundos cambios ha propiciado una misión nueva y mucho menos elevada para el sector. Durante el último medio siglo, el negocio de los fondos ha pasado de la supervisión a la persuasión, de la *gestión de activos* a la *captación de activos*. Nos hemos convertido en gran medida en una industria de marketing, participando en una furiosa orgía de proliferación de productos. Nuestro aparente lema: «Si usted lo compra, nosotros lo fabricamos».

Durante las décadas de 1950 y 1960 se crearon unos 240 nuevos fondos de renta variable, y durante las décadas de 1970 y 1980, unos 650. Pero solo en la década de 1990 se crearon 1.600 nuevos fondos de renta variable. La mayoría de ellos, por desgracia, eran fondos de tecnología, Internet y telecomunicaciones, y fondos de crecimiento agresivo centrados en estas áreas. Fueron estos fondos, por supuesto, los que se llevaron la peor parte del mercado bajista de 2000-2002. Esta proliferación de productos ha generado la reacción esperada: los fondos nacen para morir. Mientras que el 13 % de todos los fondos fracasaron durante la década de 1950, la tasa de fracaso de la década actual se acerca al 60 %.

Hacia un mundo mejor

Esta combinación de crecimiento de los activos, enfoque truncado de la inversión, comportamiento contraproducente de los inversores, proceso de gestión de carteras en tiempo real, estrategias de inversión de gatillo fácil, costes crecientes, propiedad de conglomerados y proliferación de productos (inevitablemente seguida por reducción de los mismos) ha constituido un grave perjuicio para los inversores de fondos.

En pocas palabras, nosotros, los administradores de los dólares de inversión de las familias estadounidenses —fondos de pensiones, fondos de inversión y otras instituciones financieras— no hemos estado a la altura de la fe que los inversores han depositado en nosotros. Nos hemos vuelto ciegos a nuestros excesivos costes de intermediación; sordos al hecho de que, dado el nivel de esos costes, los gestores de inversiones como grupo están destinados a fracasar en la tarea de proporcionar rendimientos adecuados, e insensibles e impasibles a las múltiples formas en que nosotros, como industria, fallamos a nuestros clientes.

Complacemos el gusto del público sacando nuevos fondos para capitalizar cada nueva moda del mercado, y magnificamos el problema haciendo una gran publicidad de los rendimientos obtenidos por nuestros fondos más atractivos. En una frase, el espíritu de venta y persuasión ha triunfado sobre el de gestión y supervisión, y nuestros inversores son los que han sufrido. Nuestra asociación comercial, el *Investment Company Institute* (ICI), nunca ha observado la diferencia entre los rendimientos declarados por los fondos de inversión y los rendimientos realmente recibidos por los accionistas de los fondos, incluso cuando afirma ser el defensor de esos mismos accionistas. Por otra parte, el ICI tampoco ha señalado los enormes beneficios que obtienen las empresas de gestión de fondos, independientemente de que los accionistas de los fondos ganen dinero.

Estos son solo dos de los muchos ejemplos que se suman a las pruebas que desmienten la afirmación constante del sector, articulada una y otra vez en las reuniones anuales de miembros del ICI, de que «los intereses de los gestores de fondos de inversión están directamente alineados con los intereses de los accionistas de los fondos de inversión». Simplemente no es cierto.

Debe parecer obvio que hay una necesidad urgente de enfrentarse a estos y otros fallos en el cambiante mundo del capitalismo, y especialmente en el rápidamente cambiante mundo de la industria de los fondos mutuos. Sin embargo, me llama la atención que una situación tan grave haya dado lugar a una escasez de discursos públicos. Mientras nos ahogamos en la innovación, nos morimos de hambre de introspección, la única cualidad que podría permitirnos ver realmente dónde hemos estado, hacia dónde vamos y qué debemos hacer para ganarnos la confianza de los inversores.

En la comunidad de inversores, no he visto ninguna defensa de los rendimientos inadecuados que ofrecen los fondos comunes de inversión a los inversores, ni de la estructura de propiedad realmente extraña y contraproducente del sector; ningún intento por parte de los gestores de fondos de explicar por qué los derechos de propiedad que uno creería implícitos en la tenencia de un porfolio de acciones en su mayoría no se ejercen; no se ha criticado seriamente el hecho de que las estrategias de inversión, antaño convencionales y generalizadas, que se basaban en la sabiduría de la inversión a largo plazo, se hayan desviado hacia estrategias que se basan cada vez más en la insensatez de la especulación a corto plazo, y, hasta 2007, casi no se ha hablado de los enormes déficits a los que se enfrentan nuestros sistemas públicos y privados de financiación de planes de jubilación, en los que nuestros fondos desempeñan un papel tan importante.

Aunque no se trata de problemas que carezcan de solución, sería absurdo pretender que las soluciones se alcancen fácilmente. Pero ahora quiero exponer mi punto de vista sobre la nueva dirección que debería tomar esta industria —de hecho, debe tomarla, en su propio interés— para establecer un nuevo comienzo de la reforma.

Soñemos juntos

«Tengo un sueño». O más bien, cinco sueños —cinco sueños para rediseñar el sector de los fondos de inversión en los próximos años, de modo que pueda volver a centrarse en la gestión de sus inicios y minimizar el enfoque de marketing que ha llegado a dominar el negocio en la actualidad— es decir, un sueño de un sector que vuelva a valorar más la gestión y supervisión que la venta y persuasión.

Sueño 1: un trato justo para los accionistas

El primer sueño es diseñar una nueva industria en la que demos a nuestros inversores un trato justo en términos de costes. Como ya he señalado, aunque los coeficientes de gastos de los fondos de renta variable se han estabilizado recientemente, a pesar del asombroso aumento de los activos gestionados, siguen siendo al menos un 50 % más elevados que en el sector infinitamente más pequeño de hace cincuenta años. Está claro que las enormes economías de escala que conlleva la gestión del dinero de otros han beneficiado mucho más a los gestores que a los inversores. Sueño con que esa tendencia se invierta.

Sueño 2: servir al inversor durante toda su vida

Mi segundo sueño es que diseñemos una industria que sirva al inversor no para una temporada, sino para toda la vida. Tecnológicamente, estamos bien preparados para hacerlo. La capacidad del sector para gestionar el complejo mantenimiento de registros de los casi 50 millones de partícipes de nuestros multifacéticos planes de aportaciones definidas, por ejemplo, ha sido todo un triunfo. Y los servicios que proporcionamos a nuestros inversores de fondos a través de las comunicaciones y transacciones por Internet han sido realmente notables. Pero los vastos menús de fondos que ofrecemos y la amplia gama de estrategias que creamos animan casi por necesidad a los inversores a mover su dinero de forma residual, una estrategia que favorece a la casa mucho más que al jugador.

Tenemos demasiados inversores que son demasiado agresivos: los participantes en el plan 401(k) que trabajan para empresas de la lista *Fortune 100* asignan una media del 36 % a las acciones de la empresa, lo que no solo concentra su riesgo de inversión sino que lo alinea con su riesgo profesional. También tenemos demasiados inversores que son demasiado conservadores. Los inversores que tienen como opción de inversión los llamados fondos de valor estables y los fondos del mercado monetario asignan casi el 24 % a estos fondos. Además, los inversores del plan 401(k) tienen fama de perseguir el rendimiento, y parece que no nos importa. Tradicionalmente, los fondos más populares en nuestros planes de jubilación han sido aquellos con un rendimiento pasado extraordinario, pero, por desgracia, sus rendimientos están destinados a volver a la media del mercado en el mejor de los casos, y más probablemente a caer muy por debajo de ella. También ofrecemos demasiadas opciones, sembrando la confusión entre los partícipes. Permitimos demasiados borradores, y ahora sabemos que, en el mundo actual de alta rotación de empleados, el 45 % de los que dejan su trabajo simplemente cogen su dinero y huyen. Y solo ahora estamos desarrollando programas vinculados a rentas vitalicias que permiten a nuestros clientes pasar sin problemas de los años en que acumulan activos a los años en que empiezan a retirarlos, sin riesgo de agotarlos.

Lo más importante es reconocer que los fondos de inversión agrupados, como los fondos comunes de inversión, constituyen ahora el elemento dominante del sistema de jubilación general de la nación, incluyendo no solo los planes de jubilación individuales, sino también los planes de beneficios corporativos y los planes federales, estatales y planes de los gobiernos locales. Con cada año que pase, serán aún más dominantes. En lugar de limitarse a velar por nuestros propios intereses parroquiales, los líderes de la industria con visión de futuro deberían liderar el camino hacia la racionalización de todo el sistema de servicios de jubilación. Así que mi sueño de ofrecer servicios de por vida a los inversores incluye la visión de que nuestros líderes del sector empiecen a actuar como estadistas y den por fin un paso adelante con propuestas y diseños que creen para nuestros ciudadanos un sistema de jubilación sólido, integrado, disciplinado y seguro. No debemos menos a nuestros inversores y a nuestra nación.

Sueño 3: horizontes de inversión a largo plazo

Mi tercer sueño es que nuestros gestores de fondos den marcha atrás y vuelvan a centrarse en las estrategias de inversión a largo plazo. Como he escrito antes, la cartera media de los fondos gira a un ritmo anual de casi el 100 %, lo que supone un período de mantenimiento de apenas un año para la acción media. ¿Quién se beneficia de una rotación tan frenética? No los accionistas de fondos como grupo. De hecho, para decir lo obvio (una vez más), este tipo de comercio debe —y lo hace— reducir los rendimientos de nuestros propietarios en su conjunto. Por lo tanto, la versión del sector de los fondos, que ha pasado de centrarse históricamente en el largo plazo a centrarse hoy en el corto plazo, ha sido perjudicial para los intereses de nuestros accionistas.

Hay otro gran beneficio en volver a ser una industria de acciones propias. Nos veríamos obligados a reconocer que los intereses de nuestros accionistas exigen que actuemos como ciudadanos corporativos responsables, examinando cuidadosamente los estados financieros de las empresas; dando a conocer nuestras opiniones sobre asuntos como las opciones de compra de acciones, la remuneración de los ejecutivos y el gobierno corporativo; y asegurándonos de que las empresas cuyas acciones poseemos operan en interés de sus accionistas y no de sus directivos. En la actual industria de alquiler de acciones, centrada en la especulación, las acciones se tratan como meros trozos de papel que se intercambian de un lado a otro, en lugar de como el talismán de la propiedad. Como resultado, esas cuestiones de gobernanza se ignoran con demasiada frecuencia. Así que mi sueño es que volvamos a nuestras raíces como inversores, no solo porque será en beneficio económico de nuestros clientes, sino porque podemos desempeñar un papel determinante en el retorno de la América corporativa a sus propias raíces de capitalismo democrático.

Sueño 4: servir a los inversores a largo plazo

Mi cuarto sueño es que volvamos a centrarnos en servir a los accionistas a largo plazo. Hoy no es así. Porque, aunque los horizontes de inversión de nuestros gestores de fondos han disminuido, también lo han hecho los horizontes de los propietarios de nuestros fondos de inversión. No es de extrañar, ya que hemos configurado nuestro negocio para satisfacer las demandas de los inversores a corto plazo. Solo mira nuestra alocada y continua carrera por ofrecerle a los inversores fondos diseñados para ser intercambiados en lugar de fondos para ser mantenidos toda una vida. El contraste entre el sector de fondos de antaño —que consistía en gran medida en carteras de valores de primer orden— y el actual no podría ser más marcado. Pensamos en términos de tamaños y estilos, términos más sugerentes, si se piensa en ello, del campo de la alta costura que del campo de la inversión.

Así que en mi cuarto sueño, abandonamos el enfoque de pasarela de moda de la inversión. ¿Cómo podemos siquiera pretender fomentar la responsabilidad por el bienestar de nuestros clientes a largo plazo cuando casi 2.800 de los 6.126 fondos de inversión que existían en 2001 —hace solo siete años— ya están muertos y desaparecidos? En lugar de productos estrechamente definidos, el sector debe ofrecer fondos de inversión más ampliamente diversificados: cuentas fiduciarias que puedan comprarse y mantenerse para siempre. Ahí es donde están nuestras raíces. Si ese cambio nos lleva a poner más énfasis en los fondos indexados de mercados amplios —que claramente cumplen esa definición— que así sea. Pero incluso si nos lleva a otras estrategias de inversión con una orientación similar, el fondo indexado sigue siendo el paradigma más puro al que debemos volver.

Sueño 5: poner a los inversores en el asiento del conductor

Mi quinto sueño es poner a los inversores en el asiento del conductor de la gobernanza de los fondos. Solo así podremos honrar la exigencia expresa de la Ley de Sociedades de Inversión de 1940 —el estatuto federal que rige nuestro sector— de que los fondos de inversión se «organicen, operen y gestionen en el mejor interés de sus accionistas y no en el de sus asesores y suscriptores». Sin embargo, a pesar de las nobles intenciones de la ley, ese no es el principio bajo el cual opera nuestra industria hoy en día.

Entonces, ¿qué hay que hacer? La educación de los accionistas es dolorosamente lenta, pero el tiempo es oro. Los conglomerados que dominan el sector en la actualidad no aceptarán pronto la erosión de los rendimientos de su propio capital, ni devolverán de buen grado sus beneficios a sus clientes. Así que no veo otro recurso que exigir que la gobernanza de los fondos de inversión se ajuste precisamente a lo que exige la Ley de 1940: un consejo de administración ampliamente independiente que esté en deuda, en primer lugar, con los accionistas que lo eligen.

Esa estructura existe, pero no funciona así. Al contrario de lo que dice la ley, el asesor controla el fondo. Así que debemos eliminar el flagrante conflicto de intereses que existe cuando el presidente del consejo del fondo es la misma persona que el presidente del consejo de la sociedad gestora. (Como dice Warren Buffett, «negociar con uno mismo rara vez produce una pelea de bar»). Por la misma razón, necesitamos un consejo totalmente independiente del directivo. (El requisito de que el 75 % de los consejeros sean independientes es un buen comienzo; pero, en Vanguard, nuestros asesores externos no tienen ninguna representación en el consejo, obviamente sin consecuencias adversas para nuestros accionistas). Los reglamentos de la SEC ya exigen un asesor jurídico independiente y un director de cumplimiento para los propios fondos, y estoy firmemente a favor, al menos para los complejos de fondos más grandes, de un personal del fondo, responsable ante el consejo, que proporcione al consejo información objetiva e imparcial sobre los costes del fondo, el rendimiento, la comercialización y similares. Fíjate en las palabras clave: objetivo e imparcial. ¡Qué soplo de aire fresco sería eso!

De, por y para el accionista

Lo que busco, en definitiva, es un sector centrado en la supervisión, es decir, en la gestión prudente del dinero de otras personas en interés exclusivo de nuestros inversores, un sector que sea del accionista, por el accionista y para el accionista. Necesitamos un sector de fondos de inversión con una visión y unos valores: una visión del deber fiduciario y del servicio al accionista, y unos valores arraigados en los principios probados de la inversión a largo plazo y de la administración fiduciaria que exige integridad en el servicio a nuestros clientes.

¿Cómo lo conseguimos, además del programa de cinco pasos (bueno, de cinco sueños) que acabo de esbozar? En primer lugar lo hacemos confiando en la majestuosidad de la simplicidad, ayudando a los inversores a tomar las decisiones inciertas pero necesarias para determinar su asignación entre las acciones, con su oportunidad de crecimiento del capital y los riesgos que conlleva, y los bonos, con su productividad de los ingresos y la estabilidad relacional, y luego haciendo todo lo posible para diversificar estas inversiones y minimizar los costes —comisiones de gestión, costes operativos, gastos de comercialización, impacto de la rotación— prometiendo dar a los inversores su parte justa de los rendimientos del mercado financiero: ni más, ni menos. Una vez más, si los fondos indexados son la mejor manera de asegurar la realización de estos objetivos, que así sea.

También tenemos que construir no solo empresas de fondos que sean amalgamas de productos financieros, sino empresas que representen algo. Como alguien que lleva más de cinco décadas en esa tarea, puedo decirles que es una tarea dura, exigente e interminable. Mi propio objetivo ha sido construir una empresa que represente la administración. Sin embargo, quiero dejar claro que este objetivo no está exento de un aspecto de servicio propio. Porque solo en la medida en que sirvamos adecuadamente a los seres humanos que nos han confiado la gestión de su patrimonio, Vanguard podrá sobrevivir y prosperar.

Otros tendrán que definir sus propias empresas, pero espero que la administración se convierta al menos en parte de su carácter, porque la administración es rentable. En este sector, tendemos a definir el éxito en términos de dólares gestionados, flujo de caja, cuota de mercado y nuevas cuentas abiertas. Pero el verdadero éxito no puede medirse con esas cifras. El éxito debe definirse más bien en términos de calidad de servicio y de proporcionar a los inversores su parte justa de cualquier rendimiento que nuestros mercados financieros sean lo suficientemente generosos como para otorgarnos. El éxito también debe medirse por el carácter y los valores de nuestras empresas, no solo en nuestras palabras sino en nuestros hechos.

Por encima de todo, nuestro éxito depende de que mantengamos la fe —la fe de los seres humanos que nos han confiado sus preciosos dólares ganados con esfuerzo— y de que salgamos a ganarnos esa fe, todos los días. En el ámbito de los fondos, por no hablar del ámbito financiero en general, ya hemos tenido bastante —de hecho, demasiado— espíritu persuasivo. La clave de nuestro futuro es la administración y supervisión, de la que no hemos tenido suficiente.

7

Demasiada gestión, poco liderazgo

Se ha observado que la mayoría de nuestras grandes empresas están sobredirigidas pero infralideradas. Creo que eso es cierto, no solo con respecto a las empresas de nuestro país, sino también a nuestras instituciones financieras. Por supuesto, cada grupo, cada organización y cada nación requieren un cuadro saludable tanto de gestores como de líderes. Cada papel es esencial. Pero cada papel es diferente, y reconocer la diferencia es igualmente esencial. Escucha al gurú de la gestión, Warren Bennis, sobre este punto:

> *Hay una profunda diferencia entre dirección y liderazgo, y ambos son importantes. Dirigir significa llevar a cabo, realizar, estar a cargo de o tener la responsabilidad de, conducir. Liderar es influir, guiar en una dirección, curso, acción, opinión.*

Bennis establece una serie de distinciones críticas entre ambos:

- El gestor administra; el líder innova.
- El gestor es una copia; el líder es un original.
- El gestor se centra en los sistemas y la estructura; el líder se centra en las personas.
- El gestor se basa en el control; el líder inspira confianza.
- El gestor tiene una visión a corto plazo; el líder tiene una perspectiva a largo plazo.

- El gestor tiene siempre la vista puesta en el resultado final; el líder tiene la vista puesta en el horizonte.
- El gestor imita; el líder origina.
- El gestor acepta el *statu quo*; el líder lo desafía.

El profesor Bennis concluye su letanía con esta clara síntesis: «El gestor hace las cosas bien; el líder hace las cosas que corresponden».

Aunque la idea central de la letanía del Dr. Bennis es, en general, acertada, creo que la dicotomía es exagerada. Por ejemplo, ¡cuidado con el líder que ignora los resultados! ¡Ay del gestor que no inspira confianza, o que se centra solo en el corto plazo! Así que permíteme presentar una tesis más sutil, que abarca, en muchos casos, ambos conjuntos de talentos.

Para que la empresa alcance su máxima expresión, la buena administración, los altos estándares profesionales y la confianza deben impregnar toda la organización, desde la sala de correo hasta la sala de juntas. Estas cualidades deben estar integradas en el carácter de la empresa, no injertadas en su exterior. Necesariamente, esas cualidades deben comenzar con el liderazgo, con líderes que hagan más que contar, líderes cuyas prioridades más altas incluyan los valores más profundos de sus organizaciones. Por supuesto, para funcionar con eficiencia y excelencia, todas las empresas necesitan también gestores capacitados y dedicados en todos los niveles de la organización. Y ellos también deben estar comprometidos con esos valores. Y tanto los líderes como los gestores deben aprender a ver a quienes trabajan con ellos —desde los más altos hasta los más humildes— no solo como peones en un tablero de ajedrez corporativo, sino como seres humanos con las mismas necesidades y preocupaciones que todos nosotros. Sin líderes fuertes y decididos que establezcan el carácter, la dirección y la estrategia de la empresa, incluso los mejores directivos estarán tratando de empujar el agua hacia arriba de una colina.

¿Cuáles son entonces las características de un buen liderazgo y de una buena gestión? Sobre este tema, tengo (¡seguro!) opiniones firmes, la mayoría de ellas formadas en el cruce de mis propias seis décadas de experiencia empresarial, incluidas cuatro décadas como líder —nueve años como director general de Wellington Management, veintidós años como jefe de Vanguard, y (si se quiere) ahora nueve años dirigiendo el admirablemente pequeño Centro de Investigación de Mercados Financieros Bogle de Vanguard, con su equipo de tres personas además de mí—. Así que aquí hablo desde mi propia experiencia, amplia, de primera mano y a menudo duramente ganada.

Por supuesto, estoy especialmente orgulloso de los extraordinarios logros de los miembros de nuestro equipo de Vanguard, no solo cuando dirigía la empresa, sino hasta este mismo momento. Su intensa participación y contribución a esos logros atestiguan el mérito de la maravillosa sabiduría que extraje de un discurso pronunciado en 1972 por Howard W. Johnson, entonces presidente del Instituto Tecnológico de Massachusetts. Puso en palabras lo que yo creía, mucho antes de leerlas.

La institución debe ser objeto de un intenso cuidado y cultivo humano. Incluso cuando se equivoca y tropieza, debe ser cuidada, y la carga debe ser soportada por todos los que trabajan para ella, todos los que la poseen, todos los que son atendidos por ella, todos los que la gobiernan. Toda persona responsable debe preocuparse, y preocuparse profundamente, por las instituciones que afectan a su vida.

Construir una gran organización

Así que, en el fondo, mi mensaje central comienza con el sentido del cuidado, un mensaje que se refleja en estas diez reglas para construir una gran organización, muchas de las cuales, como verás, se aplican tanto a los líderes como a los gestores.

Regla 1: hacer del cuidado el alma de la organización

Cuando en 1989 hablé por primera vez a nuestro equipo de Vanguard sobre el cuidado, utilicé estas palabras: «El cuidado es un asunto común que implica: (1) respeto mutuo desde el más alto hasta el más humilde de nosotros: cada uno de vosotros merece ser —y será— tratado con cortesía, franqueza, amistad y respeto por el honorable trabajo que realizáis; (2) Oportunidades de crecimiento profesional, participación e innovación: aunque Vanguard es una empresa en la que se pide a muchos que realicen trabajos rutinarios y mundanos, pero siempre esenciales, lo cierto es que necesitamos su participación entusiasta en su trabajo —cualquiera que sea— si queremos que Vanguard funcione eficazmente. Al fin y al cabo, los que están en la línea de fuego saben mucho más sobre los problemas y las soluciones de lo que el resto de nosotros jamás sabremos». La lista continúa: mantener un entorno de trabajo atractivo y eficiente, ofrecer un programa de comunicación significativo y pagar una remuneración justa. En aquel momento, no expresaba más que estos principios de sentido común. Hoy, casi veinte años después, estoy seguro de que no cambiaría ni uno solo de ellos. En un mundo cada vez más impersonal, he llegado a creer, con Howard Johnson, que el éxito depende de un profundo sentimiento de cuidado de la institución por parte de todos los que se ven afectados por ella.

Regla 2: olvídate de los empleados

En nuestros inicios, en 1974, intenté captar el espíritu de nuestra nueva organización eliminando la palabra empleado —una palabra que no sugería trabajo en equipo y cooperación— de nuestro léxico, sustituyéndola por «miembro de la tripulación», otro guiño náutico a nuestro santo patrón, Lord Nelson, y a su buque insignia, que da nombre a nuestra empresa. Para mí, un empleado sugería alguien que entraba cada día a las nueve, salía puntualmente a las cinco, hacía lo que le decían, mantenía la boca cerrada y cobraba, como un reloj, cuando terminaba la semana laboral. Un miembro de la tripulación, aunque pueda sonar un poco cursi, me sugería una persona ilusionada, motivada, comprometida —sí, solidaria— que formaba parte de una tripulación en la que todos trabajábamos juntos en un viaje que merecía la pena, parte de una cadena que no podía ser más fuerte que su eslabón más débil. Ese es el tipo de tripulación que yo quería dirigir, una tripulación unida, cada uno dependiente del otro.

Regla 3: establecer normas y valores elevados y mantenerlos

Ya en 1980, en una celebración del hito de 3.000 millones de dólares de Vanguard, pedí a nuestro equipo que ofreciera «habilidad en lo que hacemos; imaginación en lo que creamos; integridad en lo que producimos; juicio en los objetivos que nos fijamos; valor en los momentos de peligro y buen humor en la adversidad, y humildad en los logros». Si volviera a empezar hoy, no dudaría en establecer esos mismos estándares.

En cuanto a los valores, desde el principio me propuse que los seres humanos fueran el centro de nuestra empresa. Incontables veces he dicho a lo largo de estos largos años que aquellos a los que servimos —y, no lo olvidemos nunca, aquellos con los que servimos también— deben ser tratados como «seres humanos honestos y con los pies en la tierra, todos con sus propias esperanzas y temores y objetivos financieros». En la práctica, eso significa servir juntos a los seres humanos que son nuestros clientes de la mejor manera posible; ser supervisores prudentes de los activos que nos han confiado; tratarlos como nos gustaría que nos trataran los administradores de nuestros propios activos, y servirlos con franqueza, con empatía, con un trato justo y con integridad. [25]

En mi época como director de Vanguard, ninguna de estas normas y valores se plasmó en un manual. Más bien, propuse una única regla general pero sencilla: «Haz lo que es correcto. Si no estás seguro, pregunta a tu jefe». ¿Por qué? Porque como he dicho mil veces «La buena ética es buen negocio». ¿Un pensamiento nuevo? Difícilmente. En *La Odisea*, Homero nos recuerda,

---

25. He observado a menudo que, aunque el 100 % de nuestros líderes empresariales describen la integridad como la característica esencial del liderazgo, menos del 100 % cumplen realmente esa afirmación.

Tómatelo a pecho y pasa la voz:
El trato justo trae más beneficios al final.

He leído infinidad de libros y artículos sobre gestión empresarial y estrategia corporativa, pero nunca había visto que las palabras «seres humanos» representaran la clave del liderazgo empresarial. Pero cuando pienso en nuestros clientes y en nuestra tripulación, esas palabras han sido la clave de todo lo que hemos logrado.

Regla 4: habla con confianza, repite los valores sin cesar

Si la construcción de una gran fuerza de trabajo exige liderazgo, y si el liderazgo requiere virtud —y no tengo ninguna duda de que el mejor liderazgo requiere virtud— entonces un líder puede definirse como una persona que inicia y dirige un esfuerzo en la búsqueda de principios de un proyecto de importancia. Dirigir a todos los niveles —desde los directores generales hasta los directores de proyectos, pasando por las almas responsables de las tareas más mundanas— requiere inspirar y persuadir a otros seres humanos para que trabajen juntos en un viaje hacia un destino que merezca la pena.

Construir una gran organización exige encontrar las palabras adecuadas para comunicar las mejores ideas y los más altos ideales, palabras que transmiten propósito, pasión y visión. En el esfuerzo por hacerlo, todos hemos recibido un regalo de bajo precio: la lengua. Utilicemos las palabras y cadencias inspiradoras que nos ha proporcionado para construir una organización que perdure, una organización de la que puedan sentirse orgullosos los líderes, los directivos y quienes realizan el duro trabajo de la rutina.

Regla 5: caminar; las acciones hablan más que las palabras

Tanto si eres gerente como si eres líder, hay pocas acciones más autodestructivas que «hablar» sin «hacer lo que se dice». Así que, sea lo que sea lo que prediques, será mejor que lo practiques. El principio es sencillo: si quieres que confíen en ti, sé digno de confianza. Si exiges trabajo duro, trabaja duro. Si quieres que tus colegas sean sinceros contigo, sé sincero con ellos. No es muy complicado.

Pero hay otro aspecto de la caminata: su significado literal. Caminar por tu empresa, departamento, unidad o grupo. La visibilidad personal es uno de los elementos clave del liderazgo, y no se consigue cuando uno está sentado detrás de la mesa. Y si eres un ejecutivo —un «traje», en el lenguaje común— no limites tu ámbito a las salas de conferencias llenas de otros trajes. Sal y conoce a la gente que hace el verdadero trabajo: los que están en la sala de correo, los guardias de seguridad, los programadores, los contables, los gestores de dinero, todos aquellos de los que depende tu trabajo diario.

Regla 6: no gestiones en exceso

Como he señalado anteriormente, las cosas más importantes de la vida y de la empresa no pueden medirse. La trillada frase «Si puedes medirlo, puedes gestionarlo» ha sido un obstáculo para construir una gran organización en el mundo real, al igual que lo ha sido para evaluar la economía en el mundo real. Es el carácter, no los números, lo que hace que el mundo gire. ¿Cómo podemos medir las cualidades de la existencia humana que dan sentido a nuestras vidas y carreras? ¿Qué hay de la gracia, la amabilidad y la integridad? ¿Qué valor le damos a la pasión, la devoción y la confianza? ¿Cuánto añaden a nuestras vidas la alegría, el tono de una voz humana y un toque de orgullo? Dime, por favor, si puedes, cómo valorar la amistad, la cooperación, la dedicación y el espíritu. Categóricamente, la empresa que ignore las cualidades intangibles que los seres humanos que son nuestros colegas aportan a sus carreras nunca construirá una gran plantilla ni una gran organización.

Lord Keynes también acertó en este aspecto: «Es una mera pretensión sugerir que una empresa se basa en un cálculo exacto de los beneficios futuros [Necesitamos] los espíritus animales, un impulso espontáneo a la acción. Si los espíritus animales se atenúan y el optimismo espontáneo flaquea, dejándonos depender únicamente de una expectativa matemática, la empresa se desvanecerá y morirá». Y así será. Debemos permitir que esos espíritus animales triunfen dentro de nuestras organizaciones y dentro de nosotros mismos.

Regla 7: reconocer los logros individuales

En los primeros tiempos de Vanguard, fuimos una de las primeras empresas en crear un programa formal de reconocimiento de los empleados. Comenzó, según recuerdo, en torno a 1980, y sigue intacto y prácticamente sin cambios en la actualidad. Cada trimestre, me presentaba ante un grupo de miembros de la tripulación y entregaba el Premio Vanguard a la Excelencia a uno de los inevitablemente asombrados colegas. El premio, basado en las nominaciones de los compañeros y revisado por un comité de oficiales, se concede por el especial espíritu de equipo, la cooperación, el servicio ejemplar a los clientes y a los miembros de la tripulación, la iniciativa y la ingeniosidad. Cada trimestre se entregan entre seis y diez premios, que incluyen un cheque de 1.000 dólares, 500 dólares para la organización benéfica favorita del miembro de la tripulación y una placa con el lema «Incluso una sola persona puede marcar la diferencia». El Premio a la Excelencia sigue vigente en la actualidad.

No se trata de enriquecer a los beneficiarios, sino de reconocer los logros, reforzando una creencia inquebrantable en el valor del individuo para la organización en su conjunto. Aunque ya no soy el director general de la empresa, sigo sentándome en mi despacho con cada uno de los premiados para conversar durante una hora aproximadamente, escuchando y hablando, aprendiendo y enseñando, conociendo, y regalando a cada uno de los premiados un ejemplar firmado de uno de mis libros con una placa conmemorativa del premio. Por pequeños que parezcan, estos toques humanos en una empresa ya gigantesca ayudarán, estoy seguro, a preservar la herencia que he intentado crear.

Regla 8: la lealtad es una calle de doble sentido

Raro es el alto cargo de una empresa que no pida a sus empleados que muestren lealtad, pero demasiados directivos se quedan ahí. Los mejores líderes, sin embargo, se aseguran de devolver la lealtad en la misma medida. Como dije a nuestro equipo en 1988: «Es realmente increíble que la mayoría de las empresas estadounidenses hayan tardado tanto tiempo en darse cuenta de que simplemente no es correcto pedir a los que hacen el trabajo diario que sean leales a la empresa sin comprometerse con el mismo fervor a que la corporación les sea leal a su vez. Y ese concepto de lealtad bidireccional debe convertirse en una tradición de Vanguard»

Las palabras sin acción son huecas y sin sentido. Así que una vez que Vanguard alcanzó una sólida base financiera a principios de los años 80, actuamos para demostrar la lealtad de la empresa a su tripulación. A través del Plan de Colaboración de Vanguard, todos y cada uno de los miembros de nuestra tripulación, desde el momento de su contratación, participan en las recompensas que generamos para nuestros accionistas. No conozco ninguna otra empresa en la que cada miembro de la plantilla —sin aportar un céntimo de capital— participe en sus beneficios.

Estos beneficios se derivan de: (1) nuestra ventaja de bajo coste (es decir, los ratios de gastos de nuestros fondos en relación con los de nuestros principales competidores); (2) la medida en que la rentabilidad de nuestros fondos supera o no la de nuestros competidores, y (3) el tamaño de nuestra base de activos. Así pues, a medida que nuestra ventaja de costes ha aumentado, que los rendimientos de nuestros fondos han superado a los de sus competidores y que nuestros activos han crecido, nuestros beneficios han aumentado ¡sustancialmente! Cada miembro de la tripulación posee un número específico de unidades de asociación, que aumentamos con los años de servicio y el nivel de trabajo, y cada mes de junio recibe un cheque que, con algunas excepciones significativas, suele equivaler al 30 % de la compensación anual del miembro de la tripulación. (Las disposiciones del plan son exclusivas).

Regla 9: liderar y gestionar a largo plazo

Liderar una empresa es una tarea seria, dura, llena de defectos y exigente. La competencia a ultranza mantiene en vilo a los directivos y a los trabajadores, y las inevitables fluctuaciones y vicisitudes de un sector, así como el nivel general de actividad económica, a menudo parecen obligar a tomar decisiones dolorosas y a hacer concesiones para satisfacer las exigencias del momento. Pero liderar una empresa también es emocionante, desafiante y gratificante. La clave de la diferencia, creo, radica en hacer todo lo posible por centrarse en las oportunidades a largo plazo, haciendo todo lo posible por ignorar las inevitables dificultades a corto plazo. Muchas veces he recordado a nuestra tripulación: «Una vez que decides si esperas estar en el negocio durante un tiempo corto o largo, la mayoría de las decisiones correctas son fáciles».

Piensa en ello: la percepción efímera de una empresa se basa en gran medida en las imágenes, los titulares superficiales de la prensa, los desafíos momentáneos... todos esos contratiempos y desviaciones que nos hacen perder de vista la proverbial pelota. La realidad eterna de una empresa, en cambio, es su capacidad para ofrecer buenos productos o servicios que satisfagan las necesidades de los clientes a un precio justo. Sí, las percepciones de los clientes pueden cambiar a medida que los tiempos difíciles y las circunstancias duras hacen mella. Pero, con el tiempo, en las empresas (al igual que en los precios de las acciones), cualquier diferencia entre la percepción y la realidad se reconciliará a favor de la realidad.

Así que una gran plantilla debe gestionarse como un activo a largo plazo, y cualquiera que aspire a ser un gran líder o un gran gestor debe tener siempre presente esa perspectiva a largo plazo. Algunas pautas: evitar los despidos en casos de crisis temporal; tener cuidado con el exceso de rigor en las compensaciones; no recortar los beneficios para cumplir con el presupuesto a corto plazo, y nunca exigir que un porcentaje arbitrario de la mano de obra deba ser calificado unilateralmente como insatisfactorio ¡Nunca! (En el mercado, esto se llama «clasificar y despedir»[26]). Si te centras en el largo plazo, puedes crear el entorno adecuado para construir una gran organización. El carácter es la base de la empresa que perdura.

---

26. Del inglés «*rank and yank*».

Regla 10: seguir adelante, a pesar de todo

Si hubiera una sola frase que expresara mejor la actitud de los líderes y gerentes de empresas que merecen y recompensan a una gran fuerza de trabajo, sería «seguir adelante, a pesar de todo». Es una regla de vida que ha sido un lema de mi familia desde que tengo uso de razón, y que me ha sostenido tanto en los momentos difíciles como en los fáciles. [27] La procedencia del lema era un viejo barco langostero llamado *Press On*, propiedad de mi tío, el banquero de inversiones Clifton Armstrong Hipkins. En el pequeño puente había una copia enmarcada de estas palabras del presidente Calvin Coolidge:

> *Nada en el mundo puede sustituir a la persistencia. El talento no lo hará; nada es más común que hombres con talento fracasados. La genialidad no lo hará; genios no reconocidos es casi un proverbio. La educación no lo hará; el mundo está lleno de inútiles educados. Solo la persistencia y la determinación son omnipotentes. El lema «sigue adelante» ha resuelto, y siempre resolverá, los problemas de la raza humana.*

Una advertencia: muchos líderes comprenden intuitivamente la necesidad de seguir adelante cuando el tiempo es tormentoso y el camino es difícil. Me parece que son muchos menos los que entienden la necesidad de seguir adelante cuando el tiempo es soleado y las cosas son fáciles. Sin embargo, tanto los líderes como los directivos necesitan que se les recuerde que tanto los buenos como los malos tiempos pasarán. El mejor camino que conozco es seguir adelante, sin importar las circunstancias.

Como todos los grandes sentimientos, la idea de seguir adelante no es nueva. San Pablo exhortó a su rebaño a hacer lo mismo que él, y a «apretar hasta la meta». Dos milenios y medio antes, las últimas palabras escritas por Buda expresaban el mismo sentimiento: «Esforzaos, diligentemente».

---

27. Cuando corría el riesgo de perder mi beca y tener que dejar Princeton durante mi segundo año, luchando, al principio sin éxito, con, sí, *Paul Samuelson's Economics: An Introductory Analysis by Paul Samuelson* en mi primer curso de la que sería mi especialidad, seguí adelante. Me gradué con altos honores.

La empresa superior

Si tanto los directivos como el personal de gestión pueden aprender de estas reglas y actuar en consecuencia —y hacerlo de forma coherente y con convicción— cualquier empresa tiene la oportunidad de construir lo que Robert Greenleaf, el creador del concepto de «liderazgo de servicio», le gustaba llamar «la empresa superior». Así es como describió tal empresa:

> *Lo que distingue a una empresa superior de sus competidores no son las cuestiones que suelen diferenciar a las empresas, como una tecnología superior, un análisis de mercado más astuto, una mejor base financiera, etc.; es el pensamiento no convencional de su sueño: lo que esta empresa quiere ser, cómo se establecen sus prioridades y cómo se organiza para servir. Tiene una filosofía y una imagen de sí misma radicales.*
>
> *El pensamiento no convencional de la empresa sobre su sueño nace [a menudo] de una visión liberadora. ¿Por qué son tan raras las visiones liberadoras? Porque una visión liberadora poderosa es difícil de aplicar. Sin embargo, la dificultad de su aplicación es solo la mitad de la respuesta: la otra mitad es que muy pocos de los que tienen el don de resumir una visión, y el poder de articularla de forma persuasiva, tienen el impulso y el valor de intentarlo. Pero debe haber un lugar para los líderes servidores con voces proféticas de gran claridad que producirán esas visiones liberadoras de las que depende una sociedad solidaria y servicial.*

Dejo a mentes mucho más sabias «y objetivas» que la mía el juicio sobre hasta qué punto Vanguard puede cumplir la definición de empresa superior. Por supuesto, espero que lo haga. Pero no dudo en decir que es el producto de un pensamiento poco convencional sobre lo que queríamos ser, sobre cómo establecíamos nuestras prioridades y sobre cómo nos organizábamos para servir a nuestros clientes.

Valores y beneficios

A estas alturas, probablemente no hace falta decir que estoy profundamente convencido de que otras empresas —ya sean empresas de fondos de inversión, otras empresas financieras o incluso empresas dedicadas a la fabricación de bienes y a la prestación de servicios— pueden aprender del ejemplo de Vanguard. Me complace decir que no estoy solo en esa convicción. En *The Value Profit Chain*, tres profesores de la Harvard Business School describen a Vanguard como una de las dos únicas organizaciones (la otra era Wal-Mart) cuyos «notables logros... se basaron en los conceptos de la cadena de valor desde el principio de su desarrollo... [y] han alcanzado posiciones de liderazgo en sus respectivos sectores».

La cadena de valor es un concepto que incluye una serie de «fenómenos interrelacionados: la lealtad y el compromiso de los clientes, [impulsados por] altos niveles de valor en comparación con la competencia; el valor creado por empleados satisfechos, comprometidos, leales y productivos; la satisfacción de los empleados [basada en] la «justicia» de la dirección, la oportunidad de crecimiento personal en el trabajo y la capacidad de los empleados para prestar servicios a los clientes....

Cuando las organizaciones aciertan con los elementos de la cadena de valor de los beneficios, los resultados —citando los rendimientos superiores de Vanguard, los bajos costes y la alta satisfacción de los accionistas— «son espectaculares».

El vendaval de la destrucción creativa

Estoy seguro de que nuestros competidores —incluso los más exitosos— miran con una especie de desconcierto y escepticismo nuestra aparición como uno de los líderes más grandes y respetados de la industria de fondos; nuestra estructura corporativa única y nuestro enfoque en mantener los costes al mínimo (en una industria que apenas se esfuerza por lograr ese objetivo), y nuestro celo misionero, nuestra contrariedad y nuestro carácter combativo. Pero nos hemos atrevido a ser diferentes. Nos hemos esforzado por construir una empresa en la que la confianza, la administración y la profesionalidad están entretejidas en el propio tejido del lugar —de hecho, hasta en el propio nombre— y parece que funciona bien. Sobre todo, hice todo lo posible por construir una empresa que perdurara, una empresa que durara al menos un siglo. (No estamos tan lejos. El Fondo Wellington celebra su ochenta aniversario este mismo año. Estoy seguro de que, desde su percha en el cielo, Walter Morgan, fundador de Wellington y mi gran mentor, estará aceptando las felicitaciones. Un hito así no es un mal testimonio).

De hecho, pocas empresas han superado la prueba del siglo. Mira, por ejemplo, los cambios en la lista *Fortune 500* (una lista anual de las quinientas mayores empresas de Estados Unidos) incluso en un periodo tan corto como medio siglo. De las 2.000 que formaron parte de la lista en algún momento desde que se publicó por primera vez en 1955, la gran mayoría han desaparecido. Solo 71 empresas de las 500 originales permanecen hoy en la lista. Está claro que esta rotación es lo que Joseph Schumpeter, el primer economista que reconoció el espíritu empresarial como la fuerza vital que impulsa el crecimiento económico, llamó «el vendaval de la destrucción creativa», en el que las empresas establecidas que están mal preparadas para el cambio son sustituidas por nuevas empresas inspiradas por nuevas ideas y nuevas tecnologías e impulsadas por empresarios visionarios.

Sin embargo, no hay ninguna razón inherente por la que cualquier empresa con el compromiso y la audacia de construir el tipo de cultura positiva que he intentado describir aquí no pueda desafiar el peligro siempre presente de la destrucción creativa. Jim Collins, el autor de *Good to Great*, está de acuerdo: «Cuando se ha construido una institución con valores y un propósito más allá de la mera obtención de dinero —cuando se ha construido una cultura que hace una contribución distintiva al tiempo que ofrece resultados excepcionales—, ¿por qué rendirse a las fuerzas de la mediocridad y sucumbir a la irrelevancia? ¿Y por qué renunciar a la idea de que se puede crear algo que no solo dure, sino que merezca durar? Ninguna ley de la naturaleza dicta que una gran institución debe fracasar inevitablemente, al menos durante la vida de un ser humano».

Mi esperanza, por tanto, no es simplemente que Vanguard perdure, sino que merezca perdurar. Además, espero que otras empresas que merecen perdurar también luchen contra el incesante vendaval de la destrucción creativa y perduren. Para ello, por supuesto, las instituciones que sobrevivan y prosperen deben tener valores y un propósito más allá de ganar dinero. También necesitarán gestores y líderes que impregnen de visión y carácter todos los elementos de la empresa, hombres y mujeres que aporten no solo su cabeza, sino también su corazón al desafío.

Evitando las consecuencias de la sobredirección, los directivos bien cualificados, de los que tenemos una buena cantidad (aunque incluso en esta época del MBA[28], nunca son suficientes), deben hacer las cosas bien, ya que solo una gestión sobresaliente puede aplicar eficazmente las políticas y prácticas necesarias para construir una empresa superior. Pero solo un liderazgo genuino, del que nunca tendremos suficiente, puede centrarse en hacer las cosas bien: establecer principios humanos de cuidado, establecer el curso de la acción y proporcionar la visión que inspirará a los miembros de la organización a seguir.

---

28. MBA son las siglas de *Master of Business Administration*, el programa de postgrado con mayor reconocimiento y prestigio internacional. Se dirige a titulados y profesionales que desean desarrollar su actividad en el ámbito de la dirección empresarial.

VIDA

8

Demasiada atención a las cosas, poca atención al compromiso

Desde que tengo uso de razón, me han inspirado las grandes verdades de la existencia humana. A veces las encuentro en los lugares esperados: los antiguos filósofos griegos, la Biblia (especialmente la versión del rey Jacobo), Shakespeare. Pero a menudo también descubro que las grandes verdades aparecen en lugares inesperados. Uno de estos casos se produjo hace una década, cuando estaba viendo una película de éxito en un cine de suburbio de Filadelfia.

La película era *Una acción civil*, basada en el libro de Jonathan Harr que narraba un pleito a raíz de la mortal contaminación del agua en un pueblo de Massachusetts. Un ambicioso abogado especializado en daños personales (interpretado por John Travolta) busca al principio ganar fama y riqueza ganando millones para las familias de las víctimas. Pero, a medida que el caso se desarrolla, se involucra con las familias y gasta enormes cantidades de sus recursos en la investigación científica del impacto de la contaminación, endeudándose a sí mismo y a su pequeña empresa. A medida que avanza la película, la búsqueda del derecho y la justicia empieza a consumirle hasta que, finalmente, al defender sus principios, se arriesga a fracasar económicamente. La secuencia final de la película lo lleva a la quiebra.

Allí, al juez le cuesta creer que los únicos bienes que posee este exitoso y antes acaudalado litigante son catorce dólares y una radio portátil. Incrédula, pregunta: «¿Dónde están las cosas por las que uno mide su vida?». Casi salto de mi asiento ante la profundidad de la pregunta. ¿Dónde están las cosas por las que uno mide su vida? Pero él ya no tiene cosas. Ha defendido la digna causa de los niños que han muerto y las familias que han sido devastadas. Se ha jugado su carrera y lo ha perdido todo. ¿Debemos medirlo por lo que tiene o por lo que es?

Parece que esté fuera de lugar que Hollywood se ocupe de cómo medimos nuestras vidas. Pero la pregunta sigue siendo: ¿cuáles son las cosas por las que deberíamos medir nuestras vidas? Todavía estoy buscando la respuesta definitiva a esa pregunta. Pero sé que nunca podemos dejar que las cosas como tales —las posesiones materiales que podemos llegar a acumular— se conviertan en la medida de nuestras vidas. En una nación tan rica en abundancia material como la nuestra, una cornucopia de cosas casi sin medida, es una trampa fácil de caer. Hace 2.500 años, el filósofo griego Protágoras nos dijo que «el hombre es la medida de todas las cosas». Hoy, me temo, nos estamos convirtiendo en una sociedad en la que «las cosas son la medida del hombre».

De hecho, existe un apotegma, tal vez irónico, de que quien muere con más juguetes gana. Esta medida es absurda, superficial y, por último, autodestructiva. El mundo tiene demasiadas demandas sobre sus limitados recursos como para gastarlos en cosas triviales y transitorias. Hay literalmente miles de millones de seres humanos ahí fuera, en todo el planeta, que claman por apoyo y por salvación, por seguridad y por compasión, por educación y por oportunidades, esos intangibles que tienen un valor muy superior al de tantas cosas tangibles cuya naturaleza es, finalmente, intrascendente. Uno de mis himnos favoritos, «Dios de la Gracia y Dios de la Gloria», lo dice mejor que yo: «Cura la locura guerrera de tus hijos, somete nuestro orgullo a tu control; avergüenza nuestra alegría gratuita y egoísta, rica en cosas y pobre de alma».

Si es sorprendente que una película de Hollywood se ocupe de las cosas por las que uno mide su vida, puede ser aún más sorprendente que un empresario— especialmente en el ámbito de las inversiones, donde la codicia parece estar a la orden del día— haga eco de esa preocupación. Pero he tenido motivos suficientes para saber que el camino de la vida no suele ser fácil y que tenemos que estar preparados para los inevitables reveses de nuestra fortuna, ya sea la riqueza, la salud o la familia.

Ahora, a los 79 años, también he vivido lo suficiente como para reconocer la sabiduría de aquella advertencia del Eclesiastés: «No es la carrera para los rápidos, ni la batalla para los fuertes,[29] ni el pan para los sabios, ni las riquezas para los entendidos, ni el favor para los hábiles, sino el tiempo y el azar que a todos ellos les sucede». Dicho de otro modo, el tiempo y la casualidad pueden otorgarte cosas, y también quitártelas. Pero aunque lo que tienes puede ir y venir, lo que eres —tu carácter— perdurará.

Audacia, compromiso y providencia

Si las cosas son efímeras por naturaleza (después de todo, «no te las puedes llevar contigo»), ¿qué es lo que sí importa? ¿Cuáles son las características por las que debemos medir nuestras vidas? Sin duda, el filósofo alemán del siglo xix, Goethe, identificó una de ellas: la audacia.

> *¿Vas en serio? Aprovecha este mismo minuto; lo que puedas hacer, o sueñes que puedes hacer, comienza a hacerlo. La audacia tiene genio, poder y magia.*

Las palabras inspiradoras de Goethe inspiraron una fuerte ampliación del autor escocés W. H. Murray, que parafraseo aquí:

> *Hasta que uno se compromete, hay vacilación, posibilidad de retroceder, siempre ineficacia. En todos los actos de iniciativa y creación hay una verdad elemental, cuya ignorancia mata innumerables ideas y espléndidos*

---

29. Refiriéndose al mismo pasaje del Eclesiastés, Damon Runyon añadió esta advertencia: «Puede que la carrera no sea siempre para el rápido ni la batalla para el fuerte, pero así es la apuesta».

planes: que en el momento en que uno se compromete definitivamente, la
providencia también se mueve.

Toda una corriente de acontecimientos se desprende de la decisión,
que suscita a favor de uno toda clase de incidentes y encuentros imprevis-
tos y ayuda material, que ningún hombre podría haber soñado que llega-
ría a su camino. Todo lo que hagas, o sueñes que puedes, empieza. La
audacia tiene genio, poder y magia. Empieza ahora.

Y así, la combinación de audacia y compromiso parece convocar mágica-
mente lo que podríamos llamar la providencia.

Todo es verdad, y mi propia vida ha sido la prueba de ello, mejor que
cualquier sueño. Siempre que me he comprometido con audacia, la providencia me ha seguido, ya sea la providencia de tropezar con aquel artículo de la
revista *Fortune* sobre el sector de los fondos de inversión cuando buscaba un
tema para mi tesis de fin de carrera, y de comprometerme de lleno con el proyecto; la providencia (¡sí, la providencia!) del despido de mis socios de Wellington, que me exigió el compromiso de recuperar mi carrera en el sector y me dio
la oportunidad de fundar Vanguard; la providencia de recibir un nuevo corazón, justo cuando el mío estaba a punto de expirar; el compromiso de aprovechar al máximo mi segunda oportunidad en la vida, y los muchos otros ejemplos que he citado a lo largo de este libro: los «acres de diamantes» que siempre
estuvieron providencialmente ahí, esperando a ser descubiertos, pero que requerían un compromiso para capitalizar su valor.

Igualmente, por cada acto de audacia en Vanguard, he sido recompensa-
do con dones de genio, poder y magia, no los míos, sino los de mis compañeros y los de las ideas que nos impulsaron: ser más deseados y descubrir que los
clientes venían solos a nuestra puerta, reducir costes e invertir a largo plazo,
con el firme compromiso de hacerlo todo bien, incluso cuando aparecían
atajos a nuestro alrededor.

Mi resistencia inherente a los atajos se vio ampliada por una dura experiencia como reportero de sucesos policiales para el antiguo *Philadelphia
Bulletin*. En 1950, mientras estaba un trabajo de verano, me llamaron de la

redacción para que cubriera un incendio en una casa que estaba a dos viajes en tranvía de mi ubicación en un parque de bomberos (no tenía coche). Era cerca de medianoche; estaba cansado y sin inspiración para la historia, así que esperé hasta que los bomberos regresaran, les pedí la historia y eso fue todo. Pero mi editor, observando mi falta de detalles y percibiendo mi estrategia, me sorprendió con una sola pregunta: «¿De qué color era la casa, Bogle?» Mortificado por mi conducta y asustado por la posibilidad de perder mi trabajo, le respondí simplemente: «Voy para allá ahora mismo». Y así lo hice. Fue una gran lección —le debo a ese hombre un cordial saludo— para tener cuidado con los atajos aparentemente fáciles de la vida. Si hay que hacer un trabajo, mejor hacerlo bien.

El compromiso y la audacia son algunas de las cosas que realmente importan, las cosas por las que podemos medir nuestra vida, las cosas que ayudan a poner la providencia a nuestro favor. Su alcance va mucho más allá de la forma en que nos ganamos la vida, pues no olvidemos nunca que ninguno de nosotros vive solo de pan.

Compromiso con la familia y la comunidad

La vida plena requiere también otros compromisos. Estos compromisos comienzan con nuestras familias. Hasta que nos comprometemos, existe la posibilidad de retroceder, pero una vez nos comprometemos con la familia, ocurren todo tipo de cosas que de otro modo nunca habrían ocurrido. Para mí, el compromiso con la familia ha traído las bendiciones del matrimonio (Eve y yo hemos disfrutado de casi cincuenta y dos mágicos años juntos), las bendiciones de los hijos, las bendiciones de los nietos, y quizás algún día incluso las bendiciones de los bisnietos.

El compromiso con nuestros vecinos y nuestra comunidad también es vital. En esta época cada vez más individualista, el espíritu de comunidad —que en su día se ejemplificaba con la cría de un granero, el tejido en comunidad de acolchados o el arreglo de vallas— parece casi un anacronismo pintoresco. Sin embargo, el espíritu de cooperación y unión es hoy más importante que nunca, especialmente en nuestras zonas urbanas, donde coexisten una enorme riqueza y una pobreza extrema y donde, paradójicamente, ambos extremos parecen alejarse del tipo de espíritu comunitario que constituye el núcleo del civismo que ha hecho que la vida en las comunidades estadounidenses merezca tanto la pena.

No me avergüenza en absoluto mencionar el papel constructivo de la religión en el fomento de estos valores superiores. Aunque no me detendré ahora en los valores judeocristianos que aprecio profundamente, señalaré que prácticamente todas las religiones predican la existencia de un ser supremo, las virtudes de una Regla de oro y normas de conducta paralelas a los diez mandamientos. No prosperamos como seres humanos y como familias por la fe que tengamos, sino por tener fe, fe en algo mucho más grande que nosotros mismos.

El compromiso con la ciudadanía

En mi época, he conocido a muchos hombres y mujeres de éxito, muchos de los cuales expresan su orgullo por haberlo hecho todo ellos mismos. Pero no creo que ninguno de nosotros pueda atribuirse el mérito exclusivo de su éxito. La mayoría de nosotros hemos sido bendecidos por la crianza y el amor de nuestras familias, el apoyo de nuestros amigos y colegas, la dedicación de nuestros profesores y la inspiración y orientación de nuestros mentores, por no hablar de la providencia que nos brindó la oportunidad de realizar nuestros objetivos. «Lo hicimos nosotros mismos». ¿De verdad? Cuando oigo eso, me atrevo a preguntar: «¿Y cómo se las arreglaron para nacer en los Estados Unidos de América?». Y así llego a mi última afirmación de compromiso: el compromiso con nuestra nación— «*America the Beautiful*», en palabras del himno. Por favor, no menosprecien nuestra herencia como estadounidenses ni la den por sentada. Y, por lo mismo, nunca piensen que hemos llegado a la perfección, como advierte este espléndido verso del himno —mi favorito— «¡América! América! Que Dios repare cada uno de tus defectos. Confirma tu alma en el autocontrol, tu libertad en la ley». En el momento en que nos comprometemos audazmente a hacer todo lo posible, cada día, para estar a la altura de los principios elementales de la buena ciudadanía, la magia sigue también para nuestra nación.

Así pues, depende de cada uno de nosotros convocar nuestro genio único, nuestro propio poder y nuestra magia personal. Al igual que ha hecho tan indefectiblemente por mí, la providencia responderá por ti. Realmente lo hará. Así que en todo lo que hagas, sé valiente. Cada uno de nosotros debe decidir por sí mismo hasta qué punto se centra en las cosas y, de hecho, en qué cosas se centra. Pero sé que cada uno de nosotros puede beneficiarse de algunos momentos de introspección tranquila sobre si nuestras vidas están demasiado impulsadas por la acumulación de cosas, y no lo suficiente por el ejercicio de un compromiso audaz con nuestra familia, nuestro trabajo, una causa digna, nuestra sociedad y nuestro mundo.

9

Demasiados valores del siglo XXI, pocos valores del siglo XVIII

Hace unos veranos me puse por fin a leer un libro que el difunto Neil Post-man —prolífico autor, crítico social y profesor de la Universidad de Nueva York— me había autografiado y regalado. El mensaje central de *Building a Bridge to the Eighteenth Century* se resume en su epígrafe de apertura:

> *Pronto sabremos todo lo que en el siglo XVIII no se sabía, pero nada de lo que se sabía, y será difícil vivir con nosotros mismos.* [30]

El libro de Postman presenta una apasionada defensa del humanitarismo liberal a la antigua usanza que fue el sello de la Edad de la Razón. Su objetivo es restablecer el equilibrio entre la mente y la máquina, y su principal preocupación es que no nos alejemos de la época en la que los valores y el carácter de la civilización occidental estaban en la mente de nuestros grandes filósofos y líderes, y en la que la opinión predominante era que todo lo que es importante debe tener una autoridad moral.

Para Postman, la verdad es invulnerable a las modas y al paso del tiempo. Yo no estoy tan seguro. Si bien las cosas funcionan así a largo plazo

---

30. Aunque solo nos vimos una vez, Postman sabía lo suficiente sobre mis propios valores como para inscribir en su libro: «A Jack, a quien estoy encantado de haber conocido en el siglo XXI, pero que no ha olvidado el glorioso siglo XVIII. Un brindis por el sentido común».

—por supuesto, la realidad acaba imponiéndose— la percepción suele ganar a corto plazo. De hecho, yo diría que nos hemos alejado de la verdad —como quiera que se defina— hacia (con el debido respeto al comentarista de televisión Stephen Colbert) la casi verdad, la presentación de ideas y números que transmiten ni más ni menos que lo que deseamos creer en nuestro propio interés, y persuadir a otros a creer también. Este interés propio por parte de los segmentos más ricos de nuestra sociedad, a su vez, se ha utilizado para justificar lo que describí en *La batalla por el alma del capitalismo* como una «mutación patológica» del capitalismo de los propietarios al capitalismo de los gestores en nuestros sistemas empresariales y financieros, tanto en la América corporativa como en la América de las inversiones y en la América de los fondos de inversión, los tres objetivos principales del libro.

Pero también me temo que esta mutación patológica se ha extendido más ampliamente en la sociedad, en la textura de muchas de nuestras vidas. Con Wikipedia en la punta de los dedos y Google esperando en línea para servirnos, estamos rodeados de información, pero cada vez más aislados del conocimiento. Los hechos (o, más a menudo, los datos) están por todas partes. Pero la sabiduría —el tipo de sabiduría que abundaba en la época de los Padres Fundadores de esta nación— escasea.

Cuando expresé por primera vez este escepticismo sobre nuestra Era de la Información hace más de una década, creí ingenuamente que era un pensamiento original. Pero no hay nada nuevo bajo el sol, y me encantó saber recientemente que T. S. Eliot había expresado las mismas ideas —de forma mucho más poética, por supuesto— en *La Roca* (1934):

> *¿Dónde está la vida que hemos perdido en vivir?*
> *¿Dónde está la sabiduría que hemos perdido en conocimiento?*
> *¿Dónde el conocimiento que hemos perdido en información?*
> *Los ciclos celestiales en veinte siglos*
> *Nos apartan de Dios y nos aproximan al polvo.*

Parafraseando el mensaje esencial de Neil Postman, pronto sabremos todo lo que no cuenta, y nada de lo que cuenta.

La Edad de la Razón

La Edad de la Razón que Postman aplaudió —lo que ahora solemos describir como la Ilustración— se centró en el siglo xviii y se convirtió en el centro de la filosofía y la sociedad occidentales. Los grandes intelectuales y filósofos que poblaron la civilización occidental no siempre estaban de acuerdo entre sí, pero juntos consiguieron implantar en la sociedad la confianza en la razón, la pasión por la reforma social y la creencia de que la autoridad moral es fundamental para el buen funcionamiento de la educación y la religión, así como para el comercio y las finanzas.

Estos líderes del pensamiento también creían en la primacía del Estado nación y en la libertad de los seres humanos, ejemplificada por dos de los poderosos e influyentes tratados de Thomas Paine, *La edad de la razón* y *Los derechos del hombre.*

El apasionado ensayo de Paine *Sentido común* desempeñó un papel importante en la fundación de nuestra nación, ayudando a despertar a los colonos americanos a la comprensión de lo absurdo de «suponer que un continente puede ser gobernado perpetuamente por una isla», a la necesidad de «un gobierno que contenga la mayor suma de felicidad individual con el menor gasto nacional», y a la comprensión de que «cuanto más simple es algo, menos susceptible es a ser desordenado»[31].

Al igual que Paine, Thomas Jefferson y Alexander Hamilton hablaron con elocuencia de la razón, los derechos y la reforma. La correspondencia de John Adams, George Washington, James Madison y otros de nuestros Padres Fundadores está salpicada de los valores de la Ilustración. Estos hombres se vieron fuertemente influenciados por sus defensores en Gran Bretaña y en toda

---

31. Reconocerás, creo, las frecuentes apariciones en este libro de estos dos temas finales.

Europa, un «quién es quién» de la época, incluyendo a Edmund Burke, David Hume, Immanuel Kant, John Locke, Sir Isaac Newton, Jean-Jacques Rousseau y Adam Smith.

Las ideas de esos filósofos surgieron, a su vez, de sus predecesores de antaño, otro salón de la fama que se extiende desde Homero, Sófocles, Sócrates, Platón, Aristóteles y Virgilio, hasta Dante, William Shakespeare, Sir Francis Bacon y John Milton, todos ellos grandes pensadores y escritores que expresaron sus ideas con una fuerza y claridad que siguen impresionándonos hasta hoy. Los héroes del siglo XVIII de la Edad de la Razón se apoyaron en los hombros de estos héroes anteriores, y es difícil imaginar nuestro mundo moderno sin sus contribuciones. [32]

El prototipo de hombre del siglo XVIII

Quizá el paradigma del hombre del siglo XVIII sea Benjamin Franklin. Lo cito aquí no solo como una demostración notable de los valores de la Ilustración, sino también como el ciudadano más famoso de mi ciudad del amor fraterno adoptiva, Filadelfia.

Los extraordinarios logros de Franklin como Padre Fundador, legislador, estadista, diplomático, científico y filósofo, autor, maestro del epigrama y fuente de sabiduría terrenal es ampliamente conocido y justamente celebrado. Pero su asombroso espíritu emprendedor —increíble para cualquier época— ofrece el mayor contraste en algunos aspectos con nuestra propia época.

En la grandiosa era del capitalismo actual, la palabra emprendedor ha llegado a asociarse comúnmente con quienes están motivados a crear nuevas

---

32. Creo que sin *The Federalist Papers,* con un número de ochenta y cinco ensayos, nuestra Constitución no habría conseguido la aprobación de nueve de los trece estados que se requerían para su adopción. (Al final fue ratificada por los trece, aunque a menudo por márgenes muy estrechos). Alexander Hamilton, autor de cincuenta y dos de los ensayos, eligió el seudónimo Publius, en honor a uno de los fundadores y grandes generales de la República romana, cuyo nombre llegó a significar «amigo del pueblo».

empresas en gran medida por el deseo de riqueza personal o incluso por la codicia. Pero, en realidad, empresario significa simplemente «el que emprende una empresa», una persona que funda y dirige una organización. En el mejor de los casos, el espíritu empresarial implica algo mucho más importante que el mero dinero.

Por favor, no se fíen de mi palabra. Presten atención de nuevo a las palabras del gran Joseph Schumpeter. En su *Teoría del desarrollo económico*, escrita hace casi un siglo, Schumpeter descartó la ganancia material y monetaria como motor principal del empresario, encontrando que motivaciones como estas eran mucho más poderosas:

1. La alegría de crear, de hacer las cosas, de ejercitar simplemente la energía y el ingenio; y

2. La voluntad de conquista: el impulso de luchar, de tener éxito, no por los frutos del éxito, sino por el éxito mismo.

Emprendedores y capitalistas

Hay, pues, una diferencia entre los emprendedores y los capitalistas. Como dijo el biógrafo de Franklin, H. W. Brands, «si Franklin hubiera tenido el alma de un verdadero capitalista, habría dedicado el tiempo que se ahorró gracias a la imprenta a hacer dinero en otro sitio». Pero no lo hizo. Para Franklin, la obtención de dinero era siempre un medio para conseguir un fin, no un fin en sí mismo. Las otras empresas que creó, así como sus inventos, estaban pensados para el bien público, no para su beneficio personal. Incluso hoy en día, la visión idealista del Dr. Franklin sobre el espíritu emprendedor en el siglo xviii es inspiradora. Cuando nos recordaba que «la energía y la perseverancia conquistan todas las cosas», Franklin probablemente estaba describiendo sus propias motivaciones para crear y tener éxito, utilizando la formulación de Schumpeter, por la alegría de crear, de ejercitar la energía y el ingenio, la voluntad de conquistar y la alegría de una buena batalla.

La creación por parte de Franklin de una mutua de seguros fue el ejemplo clásico de su enfoque empresarial orientado a la comunidad. En el siglo XVIII, el fuego era una amenaza importante y siempre presente para las ciudades. En 1736, cuando apenas tenía treinta años, Franklin respondió a esa amenaza fundando la Union Fire Company, literalmente una brigada de cubos que protegía los hogares de sus suscriptores. En poco tiempo, se formaron otras compañías de bomberos de Filadelfia y empezaron a competir entre sí, por lo que en abril de 1752, Franklin se unió a sus colegas para fundar la Philadelphia Contributionship, que sigue siendo hoy la compañía de seguros de propiedad más antigua de Estados Unidos. Y no se detuvo ahí. También fundó una biblioteca, una academia y una universidad, un hospital y una sociedad científica. No está mal.

Como muchos emprendedores, Franklin también era un inventor. Una vez más, su objetivo era mejorar la calidad de vida de la comunidad. Entre otros dispositivos, creó el pararrayos y la estufa Franklin (por no hablar de los bifocales y las aletas de natación). No intentó patentar el pararrayos para su propio beneficio, y rechazó la oferta del gobernador de la Commonwealth de patentar su estufa Franklin, la «chimenea de Pensilvania», su invento de 1744 que revolucionó la eficiencia de la calefacción doméstica con gran beneficio para el público en general. Benjamin Franklin creía que «el conocimiento no es propiedad personal de su descubridor, sino propiedad común de todos. Como disfrutamos de grandes ventajas gracias a los inventos de otros, deberíamos alegrarnos de tener la oportunidad de servir a otros con cualquier invento nuestro, y esto deberíamos hacerlo libre y generosamente.»

Al finalizar la primera década del siglo XXI, los nobles valores del siglo XVIII de Franklin contrastan con las amargas guerras de patentes de hoy en día, con las obscenas demandas salariales de los ejecutivos de nuestras gigantescas corporaciones y con las enormes compensaciones pagadas a los gestores de fondos de cobertura (a menudo sin importar si ganan o pierden, o incluso sobreviven), y a la no mutualidad, si se quiere, de gran parte de nuestra vida cívica. De hecho, las diferencias rozan lo espantoso.

El espectador imparcial

Así como Benjamin Franklin es la encarnación personal de la Edad de la Razón, su contemporáneo del siglo xviii, Adam Smith (diecisiete años menor que Franklin), es sin duda la encarnación intelectual del funcionamiento de las economías. La analogía de Smith sobre la mano invisible y el modo en que mueve la economía, descrita en *La riqueza de las naciones*, sigue siendo un elemento importante de la filosofía económica hasta nuestros días.

Como escribió Smith:

Todo individuo solo pretende su propia seguridad; al dirigir su industria de manera que produzca su mayor valor, solo pretende su propio beneficio, pero es conducido por una mano invisible a promover un fin que no formaba parte de su intención… promoviendo los intereses de la sociedad más eficazmente que cuando realmente tiene la intención de promoverla.

La mano invisible sigue siendo casi universalmente conocida hasta el día de hoy. Pero en nuestra época, el «espectador imparcial» de Smith, que aparece por primera vez en su anterior *Teoría de los sentimientos morales*, es casi universalmente desconocido.

Ese espectador imparcial, nos dice Smith, es la fuerza que despierta en nosotros los valores que a menudo son generosos y nobles. Es el hombre interior, moldeado por la sociedad en la que existe —incluso el alma— el que nos da nuestra más alta vocación. En palabras de Smith, «es la razón, el principio, la conciencia, el habitante del pecho, el hombre interior, el gran juez y árbitro de nuestra conducta».

[El espectador imparcial] nos dice, con una voz capaz de asombrar a la más presuntuosa de nuestras pasiones, que no somos más que uno de la multitud, en ningún aspecto mejor que cualquier otro en ella; y que cuando nos preferimos tan vergonzosa y ciegamente a los demás, nos convertimos en objetos apropiados de resentimiento, aborrecimiento y

execración. Solo de él aprendemos la verdadera pequeñez de nosotros mismos. Es este espectador imparcial quien nos muestra la conveniencia de la generosidad y la deformidad de la injusticia; la conveniencia de refrenar los mayores intereses propios, por los intereses aún mayores de los demás... con el fin de obtener el mayor beneficio para nosotros mismos. No es el amor al prójimo, no es el amor a la humanidad, lo que en muchas ocasiones nos impulsa a la práctica de esas virtudes divinas. Es un amor más fuerte, un afecto más poderoso, el amor a lo que es honorable y noble, la grandeza, la dignidad y la superioridad de nuestros propios caracteres.

Las magníficas cadencias de Smith no pueden sino inspirarnos a los ciudadanos de este siglo XXI los mismos valores que estamos ignorando y que corremos el peligro de perder por completo. El espectador imparcial es una de las metáforas centrales que definen esos valores, los altos valores del siglo XVIII.

La historia moral de los negocios en Estados Unidos

Las pruebas sugieren que los valores que defendían Franklin y Smith no eran infrecuentes entre los empresarios de aquella época. De hecho, parece casi providencial que el mismo número de 1949 de *Fortune* que inspiró mi tesis de la Universidad de Princeton incluyera un ensayo titulado «La historia moral de los negocios en Estados Unidos». Aunque no recordaba claramente el contenido del ensayo cuando lo releí hace unos años, estoy seguro de que lo leí en su momento. Aun así, rápidamente me encontré reflexionando sobre los principios fundacionales de Vanguard, que me parecen estar relacionados con el tipo de responsabilidad moral de las empresas que se expresaba en aquel antiguo ensayo de *Fortune*.

El ensayo comienza señalando que el motivo del beneficio no es el único que se esconde detrás de la labor de los líderes empresariales estadounidenses. Otros motivos son «el amor al poder o al prestigio, el altruismo, la pugnacidad, el patriotismo, la esperanza de ser recordado a través de un producto o una institución». Aunque confieso libremente todos estos motivos, la vida es demasiado corta para ser un hipócrita— también estoy de acuerdo con *Fortune* sobre la conveniencia de la tendencia tradicional de la sociedad estadounidense a preguntarse: «¿Cuáles son las credenciales morales para el poder social que ejerce el empresario?»

El artículo de *Fortune* cita las palabras del empresario cuáquero John Woolman de Nueva Jersey, quien en 1770 escribió que es «bueno aconsejar a la gente que tome las cosas más útiles y no costosas», y luego cita (casi inevitablemente) las palabras favoritas de Benjamin Franklin, industria y frugalidad, como «el medio para producir riqueza y recibir virtud».

En 1844, el ensayo cita a William Parsons, «un comerciante de probidad», que describió al buen comerciante como «un hombre emprendedor dispuesto a correr algunos riesgos, pero no dispuesto a arriesgar en empresas peligrosas la propiedad de otros que se le ha confiado, cuidadoso de no permitirse ninguna extravagancia y de ser sencillo en sus modales y poco ostentoso en sus hábitos; no solo un comerciante, sino un hombre, con una mente que mejorar, un corazón que cultivar y un carácter que formar».

Un comerciante y un hombre

La definición de Parsons sobre el comerciante y el hombre, establecida hace más de ciento sesenta años, me pareció más que inspiradora; parecía dirigida directamente a mí. Las palabras sobre la confianza, la fiabilidad y la sencillez del hombre emprendedor me parecieron descripciones adecuadas de los objetivos de mi propia carrera y de mi vida. Y las tres cualidades que definían al comerciante como hombre eran, creo, igualmente apropiadas. En cuanto a la mente, sigo esforzándome cada día —de verdad— por mejorar mi propia mente, leyendo, reflexionando y desafiando incluso mis propias creencias más arraigadas, y escribiendo sobre los temas del día con pasión y convicción.

En cuanto al corazón, nadie — ¡nadie! — podría deleitarse con la oportunidad de cultivarlo más que yo, habiendo descubierto ese diamante de un nuevo corazón hace más de una docena de años. Y en cuanto al carácter, independientemente de las normas morales que haya desarrollado a lo largo de mi vida, he tratado de invertir mi propia alma y espíritu en el carácter de la pequeña empresa que fundé hace tantos años.

A una escala mucho mayor que la de una sola vida humana, estas normas de mente, de corazón y de carácter resuenan —como siempre, de forma idealista— en la forma en que espero que los líderes de nuestras empresas productivas y nuestros gestores financieros intenten de nuevo gestionar los billones de dólares de capital confiados a su administración, poniendo la voluntad y el trabajo de nuestras empresas comerciales y financieras al servicio de los demás.

Devolver la administración al capitalismo

Mi miedo —y parte de lo que me impulsa a seguir adelante en la misión que he elegido de devolver el capitalismo, las finanzas y la gestión de fondos a sus raíces en la administración— es que, en esta era impulsada por la informática y sobrecargada de información, hemos olvidado las viejas verdades que nos guiaron con tanto éxito en el pasado. Pero aunque el compromiso de nuestra sociedad con los valores del siglo XVIII sigue desapareciendo, ese compromiso no es inexistente. Me alientan las pocas —pero fuertes— voces que se alzan en defensa de esos valores.

Por ejemplo, escuchen de nuevo al respetado empresario Bill George:

> *Los líderes auténticos desean genuinamente servir a los demás a través de su liderazgo... están más interesados en capacitar a las personas que dirigen para que marquen la diferencia que en el poder, el dinero o el prestigio para ellos mismos... se guían tanto por las cualidades del corazón, por la pasión y la compasión, como por las cualidades de la mente...*

dirigen con propósito, significado y valores... construyendo relaciones duraderas con las personas... son coherentes y autodisciplinados. Cuando sus principios se ponen a prueba, se niegan a transigir.

Como muestra George en su exitoso libro *Authentic Leadership*, estas son más que palabras conmovedoras. Las empresas auténticas dirigidas por líderes auténticos crean un rendimiento empresarial sólido, construyendo el valor intrínseco de las empresas que dirigen. Estos líderes construyen la integridad moral en el tejido de la organización, y crean no solo alzas en las acciones, sino un crecimiento sostenido de los ingresos y los beneficios por acción. «El mejor camino para el crecimiento a largo plazo del valor para el accionista», escribe George, «pasa por tener una misión bien articulada que inspire el compromiso de los empleados y la confianza de los clientes».

Escucha también a la legendaria profesora de derecho del Boston College, Tamar Frankel, en su apasionado libro *Trust and Honesty: America's Business Culture at a Crossroad*:

La verdadera prueba de una sociedad honesta y productiva no es lo que una sociedad ha conseguido, sino lo que pretende conseguir. Puede poner a las personas honestas en un pedestal incluso si no maximizan sus beneficios y preferencias personales y descartar y rechazar como modelos de fracaso a las personas deshonestas que logran sus mayores ambiciones mediante el fraude y el abuso de confianza.

Ese eco del espectador imparcial ayuda a proporcionar la perspectiva que necesitamos. Bill George y Tamar Frankel ejemplifican las voces que nos permitirán mezclar los mejores ideales del siglo xviii con las convincentes realidades del siglo xxi. Son el tipo de pensadores que nos llevarán a la que quizá sea la más olvidada de todas las cualidades de ese siglo tan lejano: la característica central que tienen en común esas versiones dieciochescas del espíritu empresarial, la mutualidad y la invención para el bien público: la virtud.

Sobre la virtud

Hoy en día, virtud es una palabra que tiende a inquietarnos. Pero seguramente no avergonzó a Benjamin Franklin. En 1728, cuando solo tenía veintidós años, nos dice que «concibió el audaz y arduo proyecto de llegar a la perfección moral. Sabía, o creía saber, lo que era el bien y el mal, y no veía por qué no podía hacer siempre lo uno o evitar lo otro». La tarea, nos dice, fue más difícil de lo que imaginaba, pero al final hizo una lista de trece virtudes—incluyendo la templanza, el silencio, el orden, la frugalidad, la industria, la sinceridad y la justicia—, incluso clasificándolas por orden de importancia. Comenzaba cada día con «La pregunta de la mañana: ¿qué bien voy a hacer hoy?» y terminaba con «La pregunta de la tarde: ¿qué bien he hecho hoy?». Es difícil imaginar una filosofía de superación personal más ética.

Incluso desde el punto de vista del cinismo del siglo XXI y no del idealismo del siglo XVIII, confieso que me asombra la fuerza moral y la disciplinada superación del joven Franklin. Aunque pocos de nosotros en la sociedad actual tendríamos la voluntad de seguir un programa escrito de virtudes, Franklin había establecido, según sus propias palabras, el «carácter de integridad» que le daría tanta influencia entre sus conciudadanos en la lucha por la independencia de Estados Unidos.

Ese carácter era también fundamental en su dedicación al interés público, tan fácilmente observable en su espíritu empresarial, en la alegría que le producían sus creaciones y el ejercicio de su ingenio, su energía y su persistencia. Y ese carácter también encontró su expresión en la continua lucha de Franklin por equilibrar el orgullo con la humildad, una batalla que en esta época de luces brillantes, celebridad y dinero parece que hemos abandonado en gran medida. Como escribió Franklin en su autobiografía:

> *En realidad, quizá no haya ninguna de nuestras pasiones naturales tan difícil de dominar como el orgullo. Disfrázalo, lucha con él, derríbalo, ahógalo, mortifícalo cuanto quieras, pero sigue vivo, y de vez en cuando se asoma y se muestra; lo verás quizás a menudo en esta historia pues,*

aunque pudiera concebir que lo he superado completamente, probablemente estaría orgulloso de mi humildad.

Con franqueza, estas palabras me sirven para recordar que mi propio orgullo se asoma y se manifiesta con demasiada frecuencia, y que mi propia humildad podría desarrollarse un poco más.

La mente de Franklin es, de hecho, la mente del siglo xviii en funcionamiento, un modelo para nuestros tiempos. Es un contraste que nos recuerda que nos hemos empapado bastante de los valores del siglo xxi, impulsados en gran medida por el interés propio, y no lo suficiente de los valores del siglo xviii, cuando el espectador imparcial era nuestra guía y un sentido de propósito común impregnaba nuestra sociedad.

10

Demasiado «éxito», poco carácter

El reverendo Fred Craddock, un notable predicador de Georgia, puede haber estado imaginando cosas —como suelen hacer los predicadores— pero dice que esta historia ocurrió de verdad. El Dr. Craddock estaba de visita en casa de su sobrina. Había un viejo galgo, como los que corren por una pista persiguiendo esos conejos mecánicos. Su sobrina había acogido al perro para evitar que lo sacrificaran porque sus días de carrera habían terminado, y el Dr. Craddock entabló una conversación con el galgo:

Le dije al perro:

«¿Sigues corriendo?». «No», respondió.

«Bueno, ¿qué pasa? ¿Te has hecho demasiado viejo para correr?»

«No, todavía tenía algo de carrera en mí». «Bueno, ¿entonces qué? ¿No ganaste?»

«Gané más de un millón de dólares para mi dueño». «Bueno, ¿qué fue? ¿Maltrato?»

«Oh, no», dijo el perro. «Nos trataron de maravilla cuando corríamos».

«¿Te has quedado lisiado?» «No.»

«¿Entonces por qué?» Presioné. «¿Por qué?» El perro respondió: «Renuncié». «¿Renunciaste?»

«Sí», dijo. «Lo dejé». «¿Por qué lo dejaste?»

«Simplemente lo dejé porque después de tanto correr y correr y correr, descubrí que el conejo que perseguía ni siquiera era real».

¿Una historia real? Bueno, quizás no. Pero supongo que la mayoría de nosotros sabe cómo se sentía ese viejo galgo. ¿Cuántas veces hemos dado vueltas y vueltas a la pista, persiguiendo el falso conejo del éxito, solo para descubrir que el verdadero conejo estaba bajo nuestras narices, esperando ser descubierto todo el tiempo?

Medidas defectuosas de la riqueza...

Para ser claro, no estoy en contra del éxito. Pero como hay tantas definiciones posibles de éxito, trato de evitar el uso de la palabra siempre que sea posible.[33] En las sesiones de debate con mis compañeros de clase cuando asistía a la Universidad de Princeton, se decía que la definición convencional de éxito era alcanzar la riqueza, la fama y el poder. Hace tantos años, esa definición me parecía bastante razonable, y aunque ha pasado más de medio siglo desde mis días de estudiante, esa definición sigue pareciendo bastante razonable. De hecho, el diccionario confirma esa definición: «Éxito: el logro próspero de algo que se intenta, la consecución de un objetivo, generalmente riqueza o posición, según el propio deseo». Así que acepto el hecho de que la riqueza, la fama y el poder siguen siendo los tres principales atributos del éxito, pero no de la forma convencional en que todavía definimos esos elementos. He llegado a reconocer que la riqueza no se mide por los meros dólares, que la fama no se mide por los elogios públicos, y que el poder no se mide únicamente por el control sobre los demás.

La riqueza financiera, de hecho, es una medida superficial del éxito. Si aceptamos los dólares como estándar, entonces «el dinero es la medida del hombre», y ¿qué puede ser más tonto que eso? Entonces, ¿cómo debe medirse

---

33. Curiosamente, no recuerdo haber pensado mucho en llegar a tener éxito en la vida, como tampoco me preocupó mucho el fracaso. Simplemente nunca me centré en esas ideas abstractas. Más bien creía que, si daba lo mejor de mí, cada día, más de lo que se me pedía, mejor de lo que se esperaba de mí, mi futuro se encargaría de ello.

la riqueza? ¿Qué hay de una vida bien vivida? ¿Y una familia estrechamente unida por el amor? ¿Quién podría ser más rico que un hombre o una mujer cuya vocación proporciona beneficios a la humanidad, o a sus compañeros ciudadanos, o a su comunidad o vecindario?

No es que el dinero no importe. ¿Quién de nosotros no buscaría los recursos suficientes para disfrutar plenamente de nuestra vida y libertad? Deseamos la seguridad de no padecer carencias, la capacidad de seguir las carreras que hemos elegido, la posibilidad de educar a nuestros hijos y la comodidad de una jubilación segura. Pero, ¿cuánta riqueza requieren estos objetivos? De hecho, deberíamos preguntarnos si la súper-riqueza que observamos en los extremos de nuestra sociedad —la capacidad de adquirir un número infinito de cosas de la vida— no es más una perdición que una bendición.

...y sobre la fama y el poder

La fama también es una medida defectuosa del éxito. Sin embargo, la fama, por desgracia, parece ser el gran constructor del ego de nuestra época. Si los que luchan por la fama se hicieran dos preguntas esenciales: ¿de qué fuente? ¿Para qué? Sí, por supuesto, la fama momentánea de nuestros héroes deportivos y la brillante fama de nuestros artistas nos da la alegría de ver a seres humanos que operan en la cima de su potencial. Pero en el acelerado mundo actual, gran parte de ese brillo rara vez dura más que los metafóricos quince minutos de fama que Andy Warhol nos prometió a cada uno de nosotros. Una cosa es la fama por los logros reales. La fama basada en el autoengrandecimiento, la fama mal merecida, la fama obtenida a través de la riqueza extraída de nuestras instituciones corporativas y financieras (¡y de los inversores!), y la fama que se utiliza con fines viles son cuestiones totalmente diferentes.

Soy humano, así que debo confesar que he disfrutado de mis propios roces ocasionales con la fama. Por supuesto, me quedé sorprendido y encantado cuando en abril de 2004 abrí la revista *Time* y me enteré de que me habían incluido en su primera lista anual de *Las 100 personas más influyentes del mundo*, en el grupo de «Héroes e iconos» junto a Bono, Nelson Mandela, Tiger Woods y el Dalai Lama. Sabía que no me habían elegido por mi *swing* de golf (básico) ni por mi serenidad (¡inexistente!), y me enteré de que la creación de Vanguard y del primer fondo de inversión indexado me había llevado a la lista. Agradecí mucho el honor.

Pero también sabía que, por mucha riqueza que Vanguard y nuestros fondos indexados hayan creado para los inversores, había mucho más que 99 personas —muchos miles más— que han tenido mayor influencia en la sociedad contemporánea que yo, y todavía hay millones de otros que han recibido poco o ningún reconocimiento, pero que han tenido un impacto enorme y positivo en sus propias comunidades. El hecho es que la mayoría de los que hacen las mayores contribuciones al funcionamiento diario de nuestra sociedad nunca experimentan ni siquiera un momento del tipo de fama que implica el reconocimiento favorable y la adulación pública.

Y eso nos lleva al poder. Seguramente, pocas almas son más conscientes que yo de la emoción que supone tener el poder de dirigir una empresa. Ejercido con sabiduría, el poder sobre la persona que sirve a la empresa y el poder sobre la bolsa de la empresa son muy divertidos, ya que generan confianza en uno mismo y la emoción de hacer las cosas. Pero cuando el poder se utiliza de forma caprichosa y arbitraria, cuando se traduce en beneficios excesivos y se emplea para crear fusiones que fomentan el ego (y aumentan la remuneración) y gastos de capital imprudentes que tienen más probabilidades de restar valor a la empresa que de aumentarlo, no solo los accionistas de la empresa, sino también sus leales empleados —de hecho, la sociedad en su conjunto— son los perdedores.

Lo que debemos respetar es el poder para un propósito digno: el poder del intelecto; el poder de la conducta moral; el poder que permite que las personas con las que trabajamos crezcan tanto en habilidad como en espíritu; el poder que asegura el respeto de las almas más humildes a las más elevadas que se dedican a una empresa; el poder de ayudar al prójimo, el poder que es, usando las antiguas palabras de Adam Smith, «algo grandioso, bello y noble, que bien vale el esfuerzo y la ansiedad, para mantener en movimiento la industria de la humanidad, para inventar y mejorar las ciencias y las artes, que ennoblecen y embellecen la vida humana». Ese sí es el poder que vale la pena buscar.

Entonces, ¿qué debemos hacer con todas estas medidas mixtas de éxito? Solo esto: el éxito no puede medirse únicamente —ni siquiera principalmente— en términos monetarios, ni en términos de la cantidad de poder que uno pueda ejercer sobre otros, ni en la fama ilusoria de una notoriedad pública inevitablemente transitoria. Pero puede medirse en nuestra contribución a la construcción de un mundo mejor, en la ayuda a nuestros semejantes y en la crianza de hijos que se conviertan en seres humanos amorosos y buenos ciudadanos. El éxito, en resumen, puede medirse, no en lo que conseguimos para nosotros mismos, sino en lo que aportamos a nuestra sociedad.

El medio, no el fin

Admito que estoy a favor de la carrera empresarial, en parte por razones egoístas (la empresa ha sido el trabajo de mi vida) y en parte por auténtica convicción. Las empresas producen los bienes y servicios que hacen que nuestra sociedad funcione; de hecho, hacen que muchas de nuestras vidas sean tan cómodas. Finanzas lubrica la maquinaria del capitalismo. Y el espíritu empresarial es la principal fuerza de innovación. Es más, los empresarios de todos los niveles de una organización han sido la fuerza motriz del capitalismo estadounidense que ha hecho de nuestra increíblemente rica economía la envidia del mundo. Todo esto es bueno, pero solo mientras quienes han elegido carreras empresariales sigan preguntándose si están persiguiendo el falso conejo del éxito o el verdadero conejo del significado, definido por las contribuciones a nuestra sociedad que surgen de los principios, la virtud y el carácter.

Ninguna carrera es la correcta si se emprende únicamente para hacerse rico, o para ganar fama pública, o para hacer valer su peso. Tampoco es la carrera correcta si se emprende para satisfacer las expectativas de los demás. Y ningún éxito es el correcto si se consigue a costa de la sociedad. ¿La medida adecuada? Tus propias expectativas, y sacar el máximo partido a tus talentos.

Una carga especial

Estoy convencido de que los que nos dedicamos a las carreras empresariales y financieras llevamos una carga especial, ya que es en los negocios y las finanzas donde la mayoría de la gente de nuestra sociedad gana más dinero. Sin embargo, el propio dinero puede engañarnos fácilmente sobre lo que hacemos y por qué lo hacemos. Como nos recordaba René Descartes hace cuatro siglos, «el hombre es incapaz de comprender cualquier argumento que interfiera con sus ingresos». Así que, por supuesto, debemos cuestionarnos si los conejos que perseguimos son reales.

Contrasta a los hombres y mujeres de negocios con otros que persiguen lo que creo que son los verdaderos conejos de la vida: médicos, cirujanos y enfermeras, profesores y científicos, escultores y pintores, historiadores y músicos, autores y poetas, juristas y verdaderos servidores públicos, ministros y sacerdotes y rabinos, y así sucesivamente. Quizás estas almas responsables y dedicadas se ganan nuestro respeto porque sirven a nuestra sociedad sabiendo que acumular grandes riquezas es casi imposible, que la gran fama es rara y que el gran poder —al menos el temporal— brilla por su ausencia.

Pero no te detengas ahí. Piensa también en la gente humilde de esta vida que hace el trabajo del mundo: electricistas y carpinteros, soldados y bomberos, fontaneros y mecánicos, programadores informáticos y conductores de trenes, pilotos y navegantes, paisajistas y canteros, técnicos y agricultores, y así sucesivamente. Nuestra sociedad no funcionaría sin estas buenas almas que se levantan con el sol y hacen un trabajo duro y honesto, normalmente sin quejas ni elogios, y que rara vez son recompensados con alguno de esos escurridizos frutos del llamado éxito. Sin embargo, seguramente pocos de ellos necesitan preguntarse si los conejos que persiguen son reales. Por supuesto que lo son.

«Anhelo realizar una tarea grande y noble», escribió una vez la siempre inspiradora Helen Keller, «pero mi principal deber es realizar tareas humildes como si fueran grandes y nobles. El mundo se mueve, no solo por los poderosos empujones de sus héroes, sino también por la suma de los pequeños empujones de cada honesto trabajador».

Woodrow Wilson lo dijo quizás de forma más elocuente:

El tesoro de América no reside en los cerebros del pequeño cuerpo de hombres que ahora controlan las grandes empresas. Depende de las invenciones, de las creaciones, de las ambiciones de hombres y mujeres desconocidos. Todo país se renueva a partir de las filas de los desconocidos, no de las filas de los ya famosos y poderosos que tienen el control.

Competencia ¿para qué?

La vida tiene una forma de crear nuevos retos, y la riqueza de la vida estadounidense actual ha creado sus propios retos: un sentimiento de derecho, de poder económico y de poderío militar que se ha ganado para nuestra nación la admiración, la envidia y, sí, el odio de gran parte de la humanidad. Reconozco libremente que el mundo en el que crecen nuestros jóvenes hoy es mucho más exigente que el mundo más inocente de hace seis décadas, cuando podía todavía considerarme un joven. Los estudiantes de secundaria duplican y triplican los estudios, los deportes y las actividades extracurriculares para poder ser admitidos en las llamadas mejores universidades. Una vez en la universidad, los estudiantes siguen esforzándose por sacar buenas notas para entrar en las mejores escuelas de posgrado, y así sigue el ciclo de competición.

Hasta cierto punto, está bien. La competencia es parte de la vida. Pero vuelvo a preguntar, ¿competencia para qué? ¿Por los resultados de los exámenes en lugar de por el aprendizaje? ¿Por la forma más que por el fondo? ¿Por el prestigio más que por la virtud? ¿Por la seguridad en lugar de la ambición? ¿Por seguir las estrellas de otros en lugar de las propias? ¿Qué significa todo eso si se carece de honor y carácter? Y ahí está el problema. Porque mientras nuestros mejores y más brillantes están exquisitamente entrenados para perseguir los falsos conejos del éxito, en general están siendo mal entrenados en las cualidades intangibles que se convierten en las virtudes que traen el verdadero éxito.

«Sin carácter y valor, nada más perdura»

En un ensayo del *New York Times* de noviembre de 2004, David Brooks lo expresó muy bien:

> *Los jóvenes con un alto nivel de formación son tutelados, enseñados y controlados en todos los aspectos de su vida, excepto en el más importante, que es la formación del carácter. Pero sin carácter y valor, nada más perdura.*

Si el carácter no se enseña, ¿cómo puede aprenderse? El mundo acomodado en el que viven tantos ciudadanos jóvenes hoy en día no crea fácilmente la capacidad de construir el carácter. A menudo, el carácter requiere fracaso, adversidad, contemplación, determinación y firmeza; requiere encontrar el propio espacio como individuo. Sin embargo, parece que rara vez hacemos hincapié en el carácter, a pesar de que en nuestra sociedad actual hay fuentes de inspiración inestimables al alcance de la mano. De hecho, el reto no es encontrar fuentes de inspiración útiles, sino separar lo mejor de lo mejor. Aunque el Antiguo Testamento, por ejemplo, no utiliza la palabra carácter, lo describe maravillosamente con estas palabras:

> *¿Qué es el hombre para que te acuerdes de él, el hijo del hombre para que lo cuides? Salmos 8:4*

El temor del Señor enseña al hombre que la sabiduría, y la humildad
son anteriores a la honra. Proverbios 15:33
La humildad y el temor del Señor traen riqueza, honor y vida.
Proverbios 22:4
El que persigue la justicia y el amor encuentra vida, prosperidad y
honor. Proverbios 21:21

El Nuevo Testamento también es una rica fuente. Recordemos, por ejemplo, la advertencia de San Pablo: «Los que quieren ser ricos caen en la tentación y en el lazo, y en muchas codicias necias y perjudiciales, que hunden a los hombres en la destrucción y la perdición. Porque el amor al dinero es la raíz de todos los males». O la exigencia de San Lucas a los que han sido bendecidos con la abundancia (que, definida en sentido amplio, incluye a la gran mayoría de los estadounidenses de hoy): «Porque a quien se le da mucho, se le exige mucho. Y a quienes los hombres le han prometido mucho, de ellos pedirán más».

William Shakespeare también hizo su parte, resumiendo todo de forma tan bella en estas conocidas palabras de *Hamlet*, profundos consejos que Polonio da a su hijo, Laertes, cuando el joven está a punto de partir hacia Francia:

Esto sobre todo, sé fiel a ti mismo,
Y debe seguir como la noche al día,
No puedes entonces ser falso a ningún hombre.

Así que sé fiel a ti mismo. Sé tú mismo. Y si no eres el tipo de persona que sabes que deberías ser, el tipo de persona que quieres y puedes ser, conviértete en una persona mejor ¡Puedes hacerlo, tengas dieciséis o sesenta, o si como yo estas llegando a tu novena década, quizás incluso más allá!

Al igual que el viejo galgo del Dr. Craddock, la edad puede ralentizarnos en la pista, pero, en todo caso, debería hacernos más conscientes de qué consejos cuentan. La cuestión es esta: cada uno de nosotros tiene dentro de su propio ser y de su propia alma la capacidad de ser el ejemplo de la definición de honor del diccionario: «Elevación de carácter, nobleza de ánimo, desprecio de la mezquindad, magnanimidad, un fino sentido de lo que es correcto y un respeto por la dignidad de la virtud».

Preguntas sobre el conejo que perseguimos

La mayoría de nosotros no deberíamos pasar mucho tiempo preguntándonos si los conejos que perseguimos son reales o falsos. Los postes indicadores están a nuestro alrededor. Sin embargo, en la tranquilidad del atardecer y en la soledad del alma, muchos de los que no deberían tener que preguntarse sobre el valor del trabajo duro y la vida bien vivida, sin duda lo hacen. Pero, tanto si se lo preguntan como si no, seguro que cualquiera de nosotros que —por las bendiciones del nacimiento, los genes, el talento, la suerte, la determinación y la ayuda de los demás— alcanza las recompensas financieras de lo que pasa por el éxito comercial no merece tal exención. (Tal vez le sorprenda saber que me pregunto mucho y en soledad sobre el valor de mi propia vida y carrera). Seremos mejores seres humanos y conseguiremos mayores logros si nos desafiamos a nosotros mismos a buscar carreras que creen valor para nuestra sociedad, sin que la riqueza personal sea el objetivo, sino el subproducto. Y lo mejor de todo es que, al plantearnos ese reto, forjaremos el carácter que nos sostendrá en nuestro trabajo.

Todos formamos parte de la raza humana —los que emprenden las misiones más nobles de la vida, los héroes anónimos que hacen que nuestro mundo funcione, y los que tenemos la suerte de ganarnos bien la vida con nuestras carreras en los negocios y el comercio, en las finanzas y en los demás sectores altamente remunerados de la vida estadounidense. Así que, en lugar de correr tras un conejo y descubrir finalmente que es falso y —como el galgo gris que conocimos antes— abandonar consternados, asegurémonos de que estamos persiguiendo el verdadero conejo de la vida, haciendo lo mejor que podemos —en un mundo complicado, arriesgado e incierto— para servir a nuestros semejantes.

Una vez que lo hagamos, sigamos corriendo —y corriendo, y corriendo— la larga carrera de una vida bien vivida. Ya tenemos suficiente con la noción de éxito definida popularmente por un cierto tipo de riqueza material, fama y poder. Pero no tenemos suficiente de una noción más elevada de éxito, definida por un tipo más espiritual de riqueza, fama y poder, simplemente resumido en una palabra: carácter. Y nunca habrá suficiente carácter. Nuestra sociedad necesita que cada uno de nosotros forme parte de la misión que situará el carácter en lo más alto de nuestra agenda nacional. Podemos hacerlo. Podemos hacer nuestra esa noble tarea.

CONCLUSIÓN:
¿QUÉ ES SUFICIENTE?

¿Qué es suficiente para mí? ¿Para ti? ¿Para Estados Unidos?

En un libro titulado *Suficiente,* te preguntarás: ¿qué es suficiente para Jack Bogle? ¿Qué es suficiente para ti? Y la gran pregunta que se cierne sobre los Estados Unidos hoy en día, ¿qué es suficiente para nuestra sociedad?

La idea de la riqueza suficiente estaba claramente en la mente de Joseph Heller cuando comentó la observación de Kurt Vonnegut sobre la riqueza financiera de su multimillonario anfitrión. Pero, como ya sabes, he llevado la idea de lo suficiente más allá del dinero, a nuestro sistema empresarial y a las vidas que vivimos. Así que, antes de hablar de la cuestión de la riqueza para mí, para ti y para Estados Unidos, vamos a pensar un poco más en la relación entre la felicidad y el éxito, especialmente el tipo de éxito adecuado.

Albert Schweitzer tenía toda la razón. «El éxito no es la clave de la felicidad. La felicidad es la clave del éxito». Sinceramente, creo que casi todos nosotros tenemos una idea bastante clara de lo que es la felicidad, y del grado en que hemos encontrado la felicidad en nuestras vidas. Y todos hemos experimentado, en un grado u otro, tanto las alegrías como las penas de la vida, sus placeres y sus dolores, sus brillantes sorpresas y sus profundas decepciones. Así que sobrevivimos y seguimos adelante. En general, los seres humanos somos un grupo resistente.

Los psicólogos han descrito con bastante precisión los tres principales factores que definen la felicidad humana. Resulta que el dinero proporciona felicidad, pero al acostumbrarnos rápidamente a nuestro mayor nivel de riqueza material, resulta ser un tipo de felicidad transitoria. Según un artículo autorizado de la revista *American Psychologist*, no es el dinero lo que determina nuestra felicidad, sino la presencia de alguna combinación de estos tres atributos: (1) la autonomía, es decir, la capacidad de controlar nuestra propia vida, de «hacer lo nuestro»; (2) el mantenimiento de la conexión con otros seres humanos, en forma de amor a la familia, el placer de los amigos, y la franqueza con quienes nos encontramos en todos los ámbitos de la vida, y (3) el ejercicio de la competencia, utilizando los talentos que Dios nos ha dado y que nos motivan, inspirados y esforzándonos por aprender.

Algunos seres humanos desafortunados, trágicamente, nunca son capaces de desarrollar estos rasgos o incluso no tienen la oportunidad de desarrollarlos. Pero casi todos los ciudadanos afortunados, en un grado u otro, compartimos estos rasgos y nos deleitamos con sus bendiciones.

Ahora que hemos considerado lo importante —el significado de la felicidad en nuestras vidas— veamos lo suficiente en un contexto de dinero.

¿Suficiente para mí?

Permíteme comenzar mi confesión sobre lo que es suficiente para mí diciendo que, en mis ya cincuenta y siete años de carrera, he tenido la suerte de ganar lo suficiente —en realidad, más que suficiente— para asegurar el bienestar futuro de mi esposa; para dejar algunos recursos a mis seis hijos (como se dice a veces, «lo suficiente para que puedan hacer lo que quieran, pero no lo suficiente para que no puedan hacer nada»); para dejar una pizca a cada uno de mis doce nietos y, en última instancia, para añadir una buena cantidad extra a la modesta fundación que creé hace años. La elección de compartir mis bendiciones financieras con los menos afortunados refleja mi profunda convicción de que cada uno de los que prospera en esta gran república tiene la solemne obligación de reconocer su buena fortuna devolviendo algo.

He podido acumular esta riqueza a pesar de haber donado, durante los últimos veinte años, la mitad de mis ingresos anuales a diversas causas filantrópicas. No considero estas contribuciones como caridad. Las veo como un intento de pagar las enormes deudas que he acumulado a lo largo de mi vida, entre las que se incluyen (sin ningún orden especial), la fuerza espiritual reforzada por la iglesia en la que la mayoría de los miembros de nuestra familia expresan su fe; los hospitales cuyos ángeles de la guarda me cuidaron durante mis cinco décadas de lucha contra la enfermedad cardíaca, y la comunidad de la Gran Filadelfia, a través de United Way.

También he apoyado las principales causas que me han dado la oportunidad de servir a nuestra sociedad, sobre todo el magnífico Centro Nacional de la Constitución en el Independence Mall de Filadelfia, cuyo objetivo es devolver los valores de nuestra Constitución estadounidense a la corriente principal de la vida americana. He servido al Centro durante veinte años, incluyendo casi ocho años como su presidente, y tuve el orgullo de presidir su inauguración en 2003.

También he hecho todo lo posible por apoyar a las instituciones educativas que prepararon el camino para mi vida adulta y mi carrera: la Academia Blair, que fomentó mi disciplina académica, abrió mi mente a una mejor comprensión de las matemáticas, la historia, la ciencia y la lengua inglesa, y abrió la puerta a las oportunidades; y la Universidad de Princeton, que ayudó a perfeccionar mi mente y mi carácter, e inculcó el enorme respeto y aprecio que he desarrollado por la ilustración de la civilización occidental —pensadores, escritores, músicos y artistas—, por no hablar de nuestros Padres Fundadores y de los valores, sí, dieciochescos, que mantengo hasta hoy.

«Lo que va, vuelve». Y así, mi mayor placer filantrópico ha sido dotar de becas Hermanos Bogle a los notables estudiantes de Blair y Princeton que se han beneficiado de ellas. Llevo mucho tiempo en esta tarea, desde que llegó el momento, hace años, en que mis ingresos empezaron a superar con creces mis gastos familiares.

En ambas instituciones me dieron becas, y pensé que tenía la obligación de devolver el favor financiando becas para otros que las necesitaban tanto como mis hermanos y yo. (Nuestra necesidad quedó ejemplificada por una correspondencia entre el Dr. Breed, entonces director de Blair, y mi padre. El Dr. Breed escribió para recordarle a mi padre que debía pagar cien dólares para nuestras matrículas; mi padre tuvo que responder: «Lo siento, pero no tengo cien dólares». El asunto quedó ahí). Hasta ahora, unos ciento veintiocho estudiantes de Blair y ciento diez de Princeton se han beneficiado de esas becas Hermanos Bogle.

Ha sido la emoción de mi vida conocer a tantos de estos jóvenes excepcionales, y he disfrutado mucho de sus logros académicos. Estos buenos ciudadanos ya han comenzado, o pronto comenzarán, a realizar su potencial para servir no solo a nuestra sociedad estadounidense, sino también a nuestra sociedad global. Mientras observo a nuestra generación más joven en acción, mi confianza en nuestra nación y mis esperanzas para nuestro futuro se disparan hacia el cielo.

Un poco de contexto sobre mis activos financieros: unos 87 miembros de la élite que ahora figura en la lista *Forbes 400* de las personas más ricas del país se han forjado en el campo financiero, ya sea mediante el espíritu empresarial, la especulación, el trabajo duro o la pura suerte. La mayoría de los fundadores de empresas de gestión de inversiones (y a menudo también sus sucesores) han acumulado una riqueza realmente enorme. El financiero que ocupa el puesto más bajo de la lista tiene un patrimonio estimado en 1.300 millones de dólares, y el que ocupa el puesto más alto (la familia Johnson de Fidelity) tiene un patrimonio de unos 25.000 millones de dólares.

Nunca he jugado en esa liga mayor de más de mil millones de dólares; ni tampoco en su liga menor de más de cien millones de dólares. ¿Por qué no? Sencillamente porque, como fundador de Vanguard, creé una empresa en la que la mayor parte de las recompensas recaerían en los accionistas de los fondos de inversión verdaderamente mutuos que componen el Grupo Vanguard. De hecho, el ahorro acumulado de nuestros accionistas con respecto a los accionistas de nuestros homólogos pronto superará los 100.000 millones de dólares.

Este ahorro se debe, en gran medida, a que operamos, como ha leído antes, sobre la base de los costes. En consecuencia, nuestra sociedad gestora Vanguard, que no es de mi propiedad sino de nuestros fondos de inversión, tiene unos ingresos netos nulos. Sin embargo, a través del Plan de Colaboración que he descrito anteriormente, he recibido una generosa remuneración[34], compartiendo el enorme crecimiento de los activos de nuestros fondos, los excelentes rendimientos obtenidos y nuestro exitoso intento de reducir los costes unitarios soportados por nuestros accionistas.

Así que, en comparación con casi todos, si no todos, mis compañeros en este negocio, soy una especie de fracaso financiero. (Supongo que se podría decir que ese fracaso fue intencionado (no es que tuviera ninguna premonición de que íbamos a crecer hasta un tamaño tan grande, ni, en realidad, ninguna idea de cuánto podría estar renunciando al crear la estructura de la mutua Vanguard).

Pero me va bien, gracias a tres razones. En primer lugar, nací y crecí para ahorrar en lugar de gastar.

No me gustan las extravagancias, y aún me duele un poco gastar en cosas que no son necesarias. Confieso, sin embargo, que periódicamente, aunque a regañadientes, he roto esas dos reglas. Tengo, por ejemplo, una debilidad por los cuadros de banderas, consentida en gran parte gracias a mi adquisición de reproducciones de las obras clásicas de Jasper Johns y Childe Hassam. Pero no recuerdo un solo año de mi larga carrera en el que haya gastado más de lo que he ganado.

En segundo lugar, desde que empecé a trabajar en 1951, he tenido la suerte de contar con un fabuloso plan de jubilación de aportaciones definidas, proporcionado al principio por Wellington Management, y luego trasladado a Vanguard, donde he seguido invirtiendo hasta hoy. La primera aportación de Wellington al plan se realizó en julio de 1951, el 15 % de mi primer salario mensual de 250 dólares, es decir, solo 37,50 dólares. He seguido invirtiendo el

---

34. Me siento obligado a reconocer que he aplazado parte de mi propia remuneración, una práctica muy extendida entre los altos ejecutivos de la mayoría de nuestras empresas. Los importes diferidos se acumulan libres de impuestos, pero el valor final de la cuenta estará totalmente gravado cuando se retire. (Algunos planes de retribución diferida devengan intereses no al tipo vigente —como el mío— sino a tipos anuales de hasta el 13 %). Ambas situaciones exigen una reforma que limite los aplazamientos acumulados a una cantidad razonable, y que el tipo de interés que se acumule se limite al tipo de interés del mercado.

15 % de mi remuneración —que aumentó considerablemente desde finales de los 80 hasta mediados de los 90— en mi plan de jubilación (al que posteriormente se añadió un plan de ahorro).

Tras dejar de ser director general de Vanguard, he seguido ahorrando ese 15 % de la modesta retribución anual que recibo de la empresa. Todavía no estoy jubilado, por lo que no estoy obligado a retirar ninguna distribución. Mi experiencia es un testimonio vivo de cómo los humildes ganadores del plan de jubilación con impuestos diferidos, invertidos sólidamente a largo plazo, pueden construir la acumulación de riqueza. Mi propio plan de jubilación es, con mucho, la mayor partida en nuestro balance familiar, y aunque prefiero no decirle al mundo la cantidad exacta, su valor actual es poco menos que impresionante.

En tercer lugar, he invertido sabiamente, evitando la especulación y centrándome exclusivamente en (¡lo han adivinado!) fondos comunes de inversión conservadores y de bajo coste, primero en Wellington y luego en Vanguard. Durante mis primeros años de carrera, invertí en el fondo Wellington (acciones que mantengo hasta hoy) y luego, durante la mayor parte de mi carrera posterior, en gran medida en los fondos de renta variable de Vanguard. Pero, a finales de 1999, preocupado por el nivel (obviamente) especulativo de los precios de las acciones, reduje mis acciones a cerca del 35 % de los activos, aumentando así mi posición en bonos a cerca del 65 %. Aunque las fluctuaciones de los mercados de acciones y bonos han variado un poco esa proporción, desde entonces no he hecho ningún cambio en mi asignación de activos. E, incluso en los turbulentos mercados actuales, hago todo lo posible por evitar la tentación de mirar el valor de mis participaciones en fondos. (¡Una buena regla para todos nosotros!)

Así que he sido realmente bendecido por la combinación mágica de mis genes escoceses de ahorro; mi generosa compensación; mi propensión a ahorrar lo que queda cada año; el milagro matemático de la capitalización libre de impuestos; el conocimiento de que en la inversión, los costes importan enormemente, y el suficiente sentido común para centrarme en una distribución equilibrada de activos. He hablado mucho de esto. Ahora que lo he hecho personalmente, puedo asegurarle que es cierto. Funciona.

¿Suficiente para ti?

Quien cultiva el justo medio evita tanto la pobreza de un tugurio como la envidia de un palacio.

Ese es el criterio que el poeta romano Horacio nos recomendó hace unos dos milenios, y es un criterio igualmente válido hoy en día. Mis propios recursos me sitúan sin duda dentro de esa media de oro, aunque claramente en el lado alto; de hecho, en relación con los ciudadanos estadounidenses, en los tramos más altos.

Estoy seguro de que prácticamente todos los que están leyendo este libro también se encuentran dentro de la media de oro que describió Horacio. A lo largo de los años en los que he conocido a miles de accionistas de Vanguard —y he recibido cartas y correos electrónicos de otros miles— he aprendido que muchos de ellos (de hecho, la mayoría) confían en haber acumulado lo suficiente para satisfacer sus propias necesidades y deseos. Apenas puedo encontrar palabras para expresar lo encantado que estoy de que mi humilde visión de cómo invertir con éxito haya desempeñado un papel clave en ese resultado.

Cuando le preguntaron a John D. Rockefeller cuánto era suficiente, respondió: «Solo un poco más». Pero, para la mayoría de nosotros, como se dice, lo suficiente es un dólar más de lo que se necesita. Y esa es una buena manera de verlo. Pero la cuestión es más complicada que eso. Una reseña del *Wall Street Journal* sobre el libro *Whatever Happened to Thrift?* intentó recientemente responder a la pregunta «¿Tienen los estadounidenses suficiente?» con esta sabia respuesta: «Eso depende del significado de la palabra «suficiente». ¿Suficiente para nuestro propio bien? ¿Suficiente para el de nuestros vecinos? ¿Nuestros nietos? ¿Los nietos de nuestros vecinos y los vecinos de nuestros nietos?... Se mire por donde se mire», concluye el informe, «ahorramos demasiado poco». Y, por supuesto, para casi todos nosotros, ahorrar —precozmente, a menudo y con regularidad— es la clave de la acumulación de riqueza. Es tan sencillo como eso.

Otra forma probada de mejorar tus cálculos de ahorro es posponer tu jubilación. (La prestación máxima anual para una pareja casada, a los 62 años, es de unos 28.800 dólares en 2008; a los 70 años —cuando debe jubilarse— sería de 47.700 dólares). Otra forma (¡ya lo has oído antes!) es invertir en lugar de especular. Gestiona siempre los costes de inversión. Incluso la reseña del libro del *Wall Street Journal* citaba dos principios: «Moraleja: quédate con los fondos de baja comisión. Moraleja mayor: hay algunas cosas muy sencillas que todos podemos hacer para convertirnos en inversores más sabios».

Cuando planifiques tu futuro financiero, no te engañes a ti mismo centrándote en los rendimientos brutos nominales de las acciones y los bonos; resta los costes que esperas que se evalúen y trabaja con rendimientos netos. A continuación, asume que incluso esos rendimientos se verán reducidos por la inflación. (Tú eliges la cifra: ¿2,5 %? ¿3,5 %? ¿4,5 %? ¿Más?) Establece objetivos realistas que puedas razonablemente esperar conseguir. Podría darte docenas de consejos adicionales sobre cómo tener lo suficiente, pero solo estaría repitiendo lo que he escrito en *Bogle on Mutual Funds* (1993), *Common Sense on Mutual Funds* (1999) y *The Little Book of Common Sense Investing* (2007).

¿Suficiente para Estados Unidos?

Parece probable —quizá incluso muy probable— que la mayoría de ustedes tengan lo suficiente para vivir con un nivel de vida razonable y agradable, o que sean lo suficientemente inteligentes desde el punto de vista financiero como para alcanzar ese nivel en el momento de su jubilación, cuando la acumulación de riqueza se ralentiza y comienza la distribución de la misma.

Pero, en conciencia, no me atrevo a dejar de reconocer la difícil situación de, literalmente, millones de nuestros conciudadanos que no tienen lo suficiente, y que nunca tendrán lo suficiente para vivir a un nivel tan relativamente elevado.

Mientras que en toda la sociedad los ricos son cada vez más ricos, hay amplios segmentos de la ciudadanía estadounidense en los que los pobres siguen siendo abyectos. Por ejemplo, según un estudio reciente del *New York Times*, el 5 % más rico de los residentes de Manhattan ganó más de 500.000 dólares en 2006, y el 20 % más rico ganó más de 300.000 dólares. Pero el 20 % más pobre de los asalariados se llevó a casa una paga media de solo 8.855 dólares ¡Piensa en eso!

Comparto la preocupación del columnista del *New York Times*, David Brooks, sobre lo que describe como «esta cruda polarización financiera».

Por un lado, está la clase inversora. Tiene planes de ahorro con impuestos diferidos, así como un ejército de asesores financieros. [Por otro lado,] está la clase de la lotería, gente con poco acceso a los 401(k) o a los planes financieros, pero con mucho acceso a los prestamistas, a las tarjetas de crédito y a los agentes de lotería. La pérdida de inhibición financiera ha supuesto más opciones para los más instruidos, pero más tentación y caos para los más vulnerables. Las normas sociales, los hilos invisibles que guían el comportamiento, se han deteriorado. En los últimos años, los estadounidenses han tenido más conciencia social sobre la protección del medio ambiente y la inhalación de tabaco. Pero se han vuelto menos conscientes de la importancia del dinero y las deudas.

Los miembros de lo que David Brooks describe como la clase inversora podemos sentirnos orgullosos de nuestra buena fortuna y nuestro ahorro. Pero, incluso mientras disfrutamos de los grandes beneficios de nuestra civilización estadounidense, debemos recordar que estos beneficios no son compartidos por una parte demasiado grande de nuestra ciudadanía. La Declaración de Independencia nos asegura «que todos los hombres son creados iguales, que son dotados por su Creador de ciertos derechos inalienables, entre ellos la vida, la libertad y la búsqueda de la felicidad».

Sin embargo, aunque todos seamos creados iguales, nacemos en una sociedad en la que la desigualdad —de familia, de educación y, sí, incluso de oportunidades— comienza en cuanto se produce el nacimiento. Pero nuestra Constitución exige más. «A nosotros, el pueblo, se nos ordena «formar una unión más perfecta, establecer la justicia, asegurar la tranquilidad interna... promover el bienestar general y asegurar los beneficios de la libertad para nosotros y nuestra posteridad»». Estos compromisos —el de una unión más perfecta, el de la justicia para todos, el de la tranquilidad interna y el del bienestar general— no son meras palabras, sino que representan el desafío de nuestra época.

En total, por supuesto, los estadounidenses parecen tener bastante de las cosas que podemos medir. Con el 4 % de la población mundial, producimos el 21 % de la producción mundial, consumimos el 25 % de la misma y obtenemos el 26 % de los ingresos mundiales. Nuestra riqueza es insuperable, al igual que nuestro poderío militar, aunque las guerras en países lejanos están consumiendo cantidades asombrosas de nuestro Tesoro. Seguimos importando mucho más de tierras extranjeras de lo que exportamos a ellas, resultado de nuestra mínima tasa de ahorro nacional (calculada por nuestro gobierno, alrededor de cero).La debilidad de nuestro dólar estadounidense en los mercados mundiales de divisas es un mal presagio para el futuro.

Además, la tasa de crecimiento real de nuestra economía —un 3 % anual en la actualidad— está muy por detrás de las tasas de crecimiento de los gigantes emergentes de China (9 %) e India (6 %). Aunque estas altas tasas de crecimiento a partir de una base pequeña son insostenibles, debemos tener claro que nuestro dominio de la economía mundial —y de los mercados financieros mundiales en los que, en última instancia, se basa esa economía— no perdurará para siempre.

Pero, siguiendo el espíritu del análisis que ha impregnado este libro, y aunque parece que tenemos bastantes cosas en Estados Unidos, nuestros valores tradicionales parecen estar erosionándose, y pronto no tendremos casi nada de ellos. Así que no olvidemos nunca que, a largo plazo, no son las cosas, ni el poder, ni el dinero lo que forma el corazón de cualquier nación. Son más bien los valores, los mismos valores, aplicados a nuestra sociedad, que he descrito aquí para nosotros como individuos: la persistencia, la resistencia, las normas morales y la virtud que han hecho grande a esta nación. La cuestión, en definitiva, no es si Estados Unidos tiene suficiente dinero —suficiente riqueza productiva— para mantener y aumentar su presencia y poder mundial, sino si tiene suficiente carácter, valores y virtud para hacerlo. [35]

Como observó una vez H. L. Mencken, «el principal valor del dinero reside en el hecho de que uno vive en un mundo en el que se sobreestima». (Eso fue hace sesenta años; imagina lo que diría hoy). Y por eso quiero dejaros con este mensaje: lo que se puede contar y pesar y gastar es solo una pequeña parte de lo suficiente. Para entender lo que significa suficiente en el panorama más amplio de la existencia, todos debemos tener en cuenta las muchas otras cosas que cuentan en esta vida, aunque (como en aquel cartel en la oficina de Einstein) no se puedan contar.

La idea de que el dinero no lo es todo nos devuelve al relato de Kurt Vonnegut con el que abrí este libro. Cuando finalmente localicé la fuente del relato, resultó ser un poema, publicado en la revista *New Yorker* en 2005. Es delicioso; mejor aún, solo tiene noventa y dos palabras:

Historia real, Palabra de Honor:
Joseph Heller, un importante y divertido escritor ya fallecido,
y yo estábamos en una fiesta dada por un multimillonario
en Shelter Island.
Le dije: «Joe, ¿cómo te hace sentir
saber que nuestro anfitrión ayer mismo

---

35. El ex presidente Bill Clinton ha expresado bien la idea. «La gente de todo el mundo siempre ha quedado más impresionada por el poder de nuestro ejemplo que por el ejemplo de nuestro poder».

puede haber ganado más dinero del que tu novela Trampa 22
ha ganado en toda su historia».
Y Joe dijo: «Tengo algo que él nunca podrá tener».
Y yo dije: «¿Qué diablos puede ser eso, Joe?»
Y Joe dijo: «El saber que tengo suficiente».
¡No está mal! ¡Descansa en paz!

Descansen en paz, sin duda, tanto Heller como Vonnegut, que falleció a principios de 2007. Estos dos hombres trajeron muchas risas al mundo, capturaron muchas de las ironías de la existencia humana y pincharon muchos egos inflados. Pero no hay «descanso en paz» para el resto de nosotros. Hay demasiado trabajo en el mundo por hacer, y nunca hay suficientes ciudadanos con corazones decididos, carácter valiente, mentes inteligentes y almas idealistas para hacerlo.

Sí, nuestro mundo ya tiene suficiente odio, armas, tópicos políticos, arrogancia, falta de sinceridad, interés propio, esnobismo, superficialidad, guerra y certeza de que Dios está de nuestro lado. Pero nunca se tiene suficiente amor, conciencia, tolerancia, idealismo, justicia y compasión; ni suficiente sabiduría, humildad, abnegación por el bien común, integridad, cortesía, poesía, risa y generosidad de sustancia y espíritu. Si no te llevas nada más de la lectura de este libro, recuerda esto: el gran juego de la vida no es el dinero; se trata de hacer todo lo posible por unirse a la batalla para construir de nuevo nosotros mismos, nuestras comunidades, nuestra nación y nuestro mundo.

Mi propia y emocionante odisea

Antes de cerrar este libro, me gustaría que consideraran estos extractos de un poema que, cuando lo leí por primera vez al final de mi carrera, parecía (tal como aquel artículo de *Fortune* de 1949 sobre las credenciales morales de las empresas estadounidenses) estar dirigido directamente a mí. Las palabras de

Alfred forman parte del *Ulises* de Lord Tennyson, cuando el poeta describe la extraordinaria odisea del aventurero. Espero que les expliquen, mucho mejor de lo que podrían hacerlo mis propias palabras, las emocionantes aventuras que he disfrutado, las emociones conflictivas que he soportado y la firme determinación con la que espero, con ansias, los capítulos finales de mi larga carrera que aún no se han escrito.

Ulises comienza reflexionando sobre su odisea:

No puedo descansar del viaje: beberé
Vida a las lías: todos los tiempos que he disfrutado
He sufrido mucho, tanto con los
que me querían como a solas.
Me he convertido en un nombre;
Porque siempre vagando con el corazón hambriento
Mucho he visto y conocido; ciudades de hombres
Y modales, climas, consejos, gobiernos,
Yo mismo no menos, pero honrado de todos ellos;
Y bebido deleite de la batalla con mis pares.
Soy parte de todo lo que he conocido.

Luego considera lo que puede haber en el futuro:

¡Qué aburrido es detenerse, acabar,
oxidarse sin quemar, no brillar en el uso!
¡Como si respirar fuera la vida! La vida amontonada en la vida
Era todo demasiado poco, y de uno para mí
Poco queda: pero cada hora se salva
De ese silencio eterno, algo más,
Un portador de cosas nuevas;
Y este espíritu gris anhelando en el deseo
De seguir el conocimiento como una estrella que se hunde,
Más allá de los límites del pensamiento humano.

La vejez tiene aún su honor y su trabajo;
La muerte lo cierra todo: pero algo antes del fin,
Alguna obra de noble nota, puede aún hacerse.

Entonces, decidido a emprender una última misión, Ulises convoca a sus seguidores:

Así que vengan, amigos míos
No es demasiado tarde para buscar un mundo más nuevo.
Empujad, y sentaos bien en orden; golpead
Las arrugas sonoras; pues mi propósito se mantiene
Navegar más allá de la puesta de sol, hasta que muera.
Aunque mucho se lleve, mucho queda; y aunque
ahora no tenemos la fuerza que en los viejos tiempos
Mover la tierra y el cielo, lo que somos, somos;
Un temperamento igual de corazones heroicos,
Renovado por el tiempo y el destino, todavía fuerte en la voluntad
De esforzarse, de buscar, de encontrar, y de no ceder.36

Ser «fuerte en voluntad, esforzarse, buscar, encontrar y no ceder» es lo que ha sido toda mi vida. Sí, seguramente he sido bendecido con lo suficiente —en la riqueza, en una familia y amigos maravillosos, en una carrera que ha tenido como objetivo dar a los inversores un trato justo, y en una misión diseñada para abrir los ojos de nuestros ciudadanos a los graves defectos y desigualdades de nuestro sistema empresarial y financiero—.

Suficiente, espero que sea justo decirlo, para inspirar a otros a una introspección reflexiva sobre la condición humana y las aspiraciones humanas. Pero nunca—¡nunca!— lo suficiente como para sentirme satisfecho y

---

36. En la penúltima línea del poema, me he tomado la libertad de revisar las palabras de Tennyson. En realidad escribió: *«hecho débil por el tiempo y el destino, pero fuerte en voluntad»*. Nunca podría haber imaginado que un corazón que late podría ser trasplantado de un ser humano a otro.

autocomplaciente. Quizá este libro les ayude a encontrar más que suficiente en el camino de la iluminación y el idealismo, virtudes que enriquecerán aún más su propia vida y la de sus seres queridos.

Epílogo

Una nota personal sobre mi carrera

En 2007 me invitaron a dar una charla en una Cumbre de Liderazgo de Directores Generales patrocinada por la Universidad de Yale. Como estaba destinado a ser el viejo caballo de batalla del grupo, me decidí por un tema que pensé que sería a la vez retrospectivo y prospectivo: «¿Por qué me molesto en luchar?». Resulta que los guionistas de televisión estaban en huelga en ese momento, así que, con la teoría de que los participantes en la cumbre podrían estar sufriendo una ausencia de humor nocturno, decidí enmarcar mi charla como uno de esos «Top Diez» del Late Show con David Letterman.

Como comedia, mi lista puede ser insuficiente. (¡Recuerden que estudié economía!) Pero como resumen de lo que me ha empujado durante toda mi vida y lo que me sigue empujando hoy, da en el clavo.

10. Maldita sea si sé por qué me molesto en luchar. Simplemente lo hago, y no sé cómo parar.

9. Porque, en las casi nueve décadas de mi vida, no he hecho otra cosa que luchar: de niño, repartiendo periódicos; luego, de joven, trabajando como camarero (en muchos lugares), vendedor de billetes, empleado de correos, reportero, corredor de bolsa, incluso como acomodador de bolos (como escribí antes, ¡una batalla de Sísifo!), y, como hombre, luchando por la promoción personal, por la atención, por la innovación, por el progreso, por el servicio a la sociedad, y sí, incluso por el poder y la esperanza de ser recordado. (¡Más vale admitirlo!) Esa es una de las razones por las que escribo libros, incluido este.

8. Porque los grandes luchadores de la historia siempre han sido mis héroes. Piensa en Alexander Hamilton. Piensa en Teddy Roosevelt. Piensa en Woodrow Wilson. Y, por supuesto, en el propio Rocky Balboa de Filadelfia.

7. Porque todos esos luchadores, finalmente, perdieron sus batallas. Yo lucho por ser la excepción.

6. Porque, en el ámbito de los fondos de inversión, nadie más en el sistema está luchando por recuperar nuestros valores tradicionales de tutela y nuestra elevada promesa de servicio a los inversores. Alguien tiene que hacerlo. Por el proceso de eliminación, conseguí el trabajo.

5. Porque cuando el luchador está prácticamente solo, llama mucho más la atención sobre la misión. Si tienes un gran ego (yo lo tengo), eso es un buen dividendo extra, especialmente porque los que están fuera del sistema —nuestros inversores «de a pie», ejemplificados por los Bogleheads de Internet— me dan la fuerza para seguir adelante.

4. Porque, desgraciadamente, ya no juego al squash, y jugar al golf en campos de adultos es ahora algo complicado. Entonces, ¿qué otra cosa puedo hacer sino trasladar el espíritu de aquellas viejas batallas en los campos de combate atlético a los campos de combate para mejorar nuestra sociedad en general?

3. Porque estoy luchando —construir de nuevo el sistema financiero de nuestra nación, para dar a nuestros ciudadanos/inversores un trato justo— por lo que es correcto. Matemáticamente correcto. Filosóficamente correcto. Éticamente correcto. Llámenlo idealismo, y es tan fuerte hoy como —quizás incluso más fuerte que— cuando escribí esa tesis idealista de Princeton hace cincuenta y siete años. ¿Cómo podría un idealista no librar una batalla así?

2. Porque, incluso cuando lucho, me encanta el tira y afloja, la competencia, el reto intelectual de mi campo, el deseo ardiente de dejar todo lo que toco mejor de lo que lo encontré. Utilizando la formulación de Robert Frost, mi batalla es «una pelea de enamorados» con nuestro mundo financiero.

1. Simplemente porque soy un luchador por naturaleza, nacido, criado y educado para abrirme camino en la vida. Una vida así exige el tipo de pasión que evocan las palabras del gran escultor del Monte Rushmore, Gutzon Borglum: «La vida es una especie de campaña. La gente no tiene ni idea de la fuerza que adquiere el alma y el espíritu de uno a través de una buena lucha.»

Aunque simplemente no puedo imaginar que mi propia alma y mi espíritu se apaguen alguna vez, sé en el fondo que el tiempo no está de mi lado. Así que seguiré librando la batalla hasta que mi mente y mis fuerzas empiecen por fin a apagarse. Solo entonces, espero que dentro de muchas lunas, me tomaré el tiempo para deleitarme con los recuerdos de todas las maravillosas batallas que he librado durante mi larga vida. Después de todo, parafraseando a Sófocles:

Hay que esperar hasta la noche
Para apreciar el esplendor del día.

Agradecimientos

Este libro se inspiró en el breve poema escrito por Kurt Vonnegut que apareció en el *New Yorker* en 2005. Ese poema inspiró el discurso de graduación que pronuncié en la Universidad de Georgetown dos años después, lo que a su vez me inspiró a pensar que la idea de *Suficiente* podría ampliarse para abarcar reflexiones no solo sobre el dinero (el foco del poema) sino también sobre los negocios y sobre la vida. (Debo aclarar que las fuertes opiniones que expreso sobre estos temas no necesariamente reflejan las opiniones de la dirección actual de Vanguard).

Mientras consideraba la idea del libro, me di cuenta rápidamente de que había estado transitando por estas ideas de forma descoordinada durante al menos varias décadas, de hecho, en cierto sentido desde mi lejana juventud. Muchos de los discursos que he pronunciado a lo largo de los años parecían preparados para encajar en el patrón de organización que desarrollé para el libro. La mayoría de ellos no se habían publicado nunca, por lo que poner las ideas —algunas antiguas, otras nuevas, todas relevantes para el tema de *Suficiente* —en formato de libro les daría una resistencia que no es posible de ninguna otra manera.

Confieso, sin embargo, que en una media docena de casos, algunas de mis palabras en el libro y algunas de las citas que he citado han aparecido en mis obras publicadas anteriormente. Por mucho que dudara en hacerlo, llegué a la conclusión de que, si había acertado la primera vez —y esta vez ampliaba el tema— ,sería una tontería no quedarme con la versión original.

Quiero dar las gracias a Howard Means por ayudarme a reunir todo este material. También quiero agradecer a tres lectores del manuscrito sus útiles comentarios: William J. Bernstein, neurólogo, asesor de inversiones y prolífico autor, recientemente de *A Splendid Exchange*; Andrew S. Clarke, director de Vanguard que trabajó conmigo en *Common Sense on Mutual Funds* hace una década, y Elliot McGuckin, doctor de la Universidad de Pepperdine, cuyo curso *The Hero's Journey in Artistic Entrepreneurship and Technology* es un inspirador tributo a la relevancia de los ideales clásicos en nuestras vidas modernas.

Sin la ayuda de mi personal del Centro de Investigación de Mercados Financieros Bogle de Vanguard, llevar la simple idea expresada en un breve poema hasta su florecimiento en un libro habría sido prácticamente imposible. Por ello, agradezco especialmente a Emily Snyder y Sara Hoffman sus esfuerzos —siempre bajo la presión del tiempo— para luchar a través de mi inescrutable caligrafía y a mecanografiar y editar sin cesar. También quiero rendir homenaje a Kevin P. Laughlin, mi ayudante durante los últimos nueve años, por su admirable desempeño, produciendo investigación a demanda, comprobando la exactitud y haciendo sugerencias editoriales constructivas que hicieron de este un libro mejor. Lo mejor de todo es que cada una de estas maravillosas almas hizo su trabajo con infinita paciencia, buen ánimo y excelencia profesional.

Hablando de paciencia y buen ánimo, también doy las gracias a Eve, mi maravillosa esposa desde hace cincuenta y dos años, por su apoyo cariñoso y atento durante todo este tiempo, en los momentos buenos y en los no tan buenos, incluso cuando se queja de mi compromiso de seguir luchando, hablando y escribiendo libros. ¡Por supuesto que tiene razón para hacerlo!

J. C. B.